# Cozinha em Baixa Temperatura

Descubra os Segredos do Slow Cooking para uma Alimentação Saudável e Saborosa

Ana Oliveira

# *Tabela de conteúdo*

*Caçarola de Carne e Legumes ............................................. 10*
*Carne e cogumelos ............................................................. 12*
*Vitela com Batatas e Arroz ................................................. 13*
*Vitela e Abóbora com Polenta ............................................ 15*
*Caçarola de carne assada com vinho .................................. 16*
*Caçarola de vitela com alecrim .......................................... 17*
*Caçarola de bife de outono e batata-doce .......................... 19*
*Carne Grelhada e Jantar de Feijão ..................................... 20*
*Caçarola de lombo com páprica e creme azedo ................. 21*
*Strogonoff de carne moída e legumes ................................ 22*
*Carne com cominho e pimentão ......................................... 24*
*Vitela Borgonha .................................................................. 26*
*strogonoff de carne ............................................................ 28*
*Estrogonofe cremoso de carne com arroz .......................... 29*
*Strogonoff de carne e cogumelos ....................................... 31*
*ragu de carne ..................................................................... 32*
*ensopado de carne ............................................................. 33*
*Goulash Húngaro ............................................................... 34*
*Caçarola de Vitela com Porto ............................................ 35*
*carne à moda húngara ....................................................... 37*
*caçarola de carne italiana ................................................. 39*
*Caçarola de Carne com Cinco Especiarias ....................... 41*
*Carne asiática com macarrão de gergelim ........................ 42*

Macarrão com Gergelim ............... 44
Carne Teriyaki e Brócolis ............... 45
Ensopado de carne e feijão do Oriente Médio ............... 46
Caçarola de carne ao curry com pães de cebolinha ............... 47
Carne grega com lentilhas ............... 49
Almôndegas Romano com Macarrão ............... 51
almôndegas romanas ............... 52
Massa à bolonhesa ............... 53
Filé ao molho de tomate ............... 55
Legumes da horta com abundantes almôndegas ............... 56
Carne salgada e repolho roxo ............... 58
Vitela com Sálvia ............... 59
Creme de Vitela com Ervilhas e Cogumelos ............... 60
carne marsala ............... 62
Paprikash de carne e legumes ............... 63
carne com vinho ............... 65
Vitela Salgada com Alcaravia ............... 66
vitela sauvignon ............... 67
carne mediterrânea ............... 68
Almôndegas de carne com molho de cogumelos e creme azedo .... 70
almôndegas de carne ............... 71
Osso Buco ............... 72
Lombo de Porco Recheado com Frutas ............... 74
Lombo de Porco Refogado ao Leite ............... 76
sanduíches de carne de porco ............... 78
Porco Assado com Chutney de Manga ............... 79
chutney de manga ............... 81

*Lombo de porco com molho de mostarda* ............................................... 82
*Mostarda* ................................................................................................. 83
*Carne de porco assada com molho de compota* ............................. 84
*molho de geléia* ..................................................................................... 85
*Lombo de Porco com Molho de Cebola* ........................................... 86
*Lombo de porco com molho de tomate e gengibre* ........................ 88
*Molho de tomate com gengibre* ......................................................... 89
*Lombo de Porco com Coulis de Cranberry* ...................................... 90
*coulis de amora* ..................................................................................... 91
*Lombo de porco com molho de aguardente de cereja* ................... 92
*calda de cereja* ..................................................................................... 93
*Ombro de porco assado com macarrão* ............................................ 94
*Carne de porco salgada com ervas* ................................................... 95
*carne de porco teriyaki* ....................................................................... 97
*tacos de porco* ...................................................................................... 98
*Costeletas de Porco com Aipo* ........................................................... 99
*Costeletas de Porco Portabella* ........................................................ 100
*Costeletas de porco com molho hoisin de damasco* .................... 101
*Costeletas de Porco Sálvia* ............................................................... 102
*Porco com Ameixas* ........................................................................... 104
*Carne de porco com peras e damascos* ........................................... 105
*Carne de porco caipira com molho de ameixa* .............................. 106
*Presunto de Laranja e Mel* ................................................................ 107
*Ragu de porco e abóbora* .................................................................. 108
*pão de alho saudável* ......................................................................... 109
*Carne de porco com pimentão e abobrinha* ................................... 110
*Carne de porco com alcachofras e feijão branco* .......................... 112

*frango com vermute* ............ 113
Frango com brócolis ao vinho branco ............ 114
*frango xerez* ............ 115
Frango Borgonha com Batatas Novas ............ 117
*frango provençal* ............ 118
Luau de frango em suco de abacaxi ............ 119
Frango caribenho com feijão preto ............ 121
*galo no vinho* ............ 122
*frango com páprica* ............ 123
*frango caxemira* ............ 124
Caril de Frango com Maçã e Cenoura ............ 125
Frango e cenoura com especiarias tailandesas ............ 126
Frango ao curry indiano e legumes ............ 127
*tempero curry* ............ 129
Caril de frango com couve-flor e batatas ............ 130
Caril de Frango e Gengibre ............ 131
Curry Gengibre Mistura de Especiarias ............ 132
Caril de Frango e Maçã ............ 133
Frango marroquino com cuscuz ............ 134
Frango marroquino e grão de bico ............ 135
Frango à moda do Oriente Médio ............ 136
Frango Carvão ............ 138
*frango com alcachofras* ............ 140
Frango com Canela, Limão e Feta ............ 141
Arroz Espanhol De Frango ............ 142
Frango mediterrâneo com tomate ............ 143
Frango mediterrâneo com alcachofras ............ 144

| | |
|---|---|
| calabresa de frango | 146 |
| Frango e Ravióli | 147 |
| Frango com Legumes e Massa | 148 |
| marinara de frango | 150 |
| Frango, Cogumelos e Tomate com Polenta | 151 |
| polenta de microondas | 152 |
| frango Cacciatore | 153 |
| Feijão Italiano e Legumes com Polenta | 155 |
| frango Alfredo | 157 |
| Poussins Vidrados De Damasco | 159 |
| frango toscano | 160 |
| esmalte de damasco | 162 |
| peru em casa | 163 |
| Salsichas com Batatas e Pimentos | 164 |
| Ragu de Peru em Vinho Branco | 165 |
| Peru e Arroz Selvagem | 167 |
| Peru com damascos | 168 |
| Chile Sul-Americana Turquia | 169 |
| Rolo de carne de peru | 170 |
| Caçarola italiana de almôndegas | 171 |
| Peru latino-americano e abóbora | 173 |
| peru cacciatore | 174 |
| Salsicha com pimenta | 175 |
| Linguiça de peru e ensopado de erva-doce | 177 |
| guisado de grão-de-bico fumado | 178 |
| Caçarola de Macarrão e Atum | 179 |
| Salmão escalfado com molho de limão e alcaparras | 181 |

*Molho de Limão e Alcaparras* ...... *182*
*Pão de Salmão com Molho de Pepino* ...... *183*
*molho de pepino* ...... *184*
*alabote em folhas de alface* ...... *185*
*Pargo vermelho com molho de alho caramelizado* ...... *186*
*molho de alho caramelizado* ...... *187*
*Espaguete Recheado De Atum* ...... *188*
*Frutos do mar com ervas e vinho* ...... *189*
*Caçarola de Tamboril aromatizada com funcho* ...... *191*
*Peixe ao Molho Verde* ...... *192*
*Haddock e tomate seco* ...... *193*
*Cioppino com Macarrão* ...... *194*
*Kedgeree Haddock Defumado* ...... *196*
*Rarebit de caranguejo e camarão* ...... *198*
*Frutos do mar com Batata e Brócolis* ...... *200*
*pargo bayou* ...... *202*
*Caçarola De Pargo* ...... *204*
*Arroz com pimenta vermelha* ...... *206*
*peixe crioulo* ...... *206*
*bacalhau crioulo* ...... *209*
*salmão caribenho agridoce* ...... *211*

## *Caçarola de Carne e Legumes*

*Abobrinha, cogumelos e vegetais de raiz são uma boa combinação nesta refeição completa.*

para 6

700 g / 1½ lbs de lombo magro, em cubos (2,5 cm / 1 polegada)
250 ml / 8 fl oz caldo de carne
120 ml / 4 fl oz vinho tinto ou caldo de carne
6 cenouras cortadas em quartos
4 batatas pequenas, cortadas em quartos
4 cebolas, esquartejadas
2 abobrinhas pequenas fatiadas
100g / 4 onças de cogumelos
1 dente de alho amassado
1 colher de chá de molho Worcestershire
2 folhas de louro
1 colher de farinha de milho
50 ml / 2 fl oz de água fria
sal e pimenta-do-reino moída na hora a gosto

Misture todos os ingredientes, exceto fubá, água, sal e pimenta, em uma panela elétrica de 5,5 litros. Cubra e cozinhe em fogo baixo por 6 a 8 horas. Vire o fogo para alto e cozinhe por 10 minutos. Adicione o fubá e a água combinados, mexendo por 2-3 minutos. Descarte as folhas de louro. Tempere a gosto com sal e pimenta.

## *Carne e cogumelos*

*O vinho confere riqueza a um molho, e o vinho branco é usado aqui para dar um toque leve a este prato de vitela para servir com tagliatelle.*

para 6

*450 g / 1 libra de filé mignon magro, em cubos*
*450 ml / ¾ litro de caldo de carne*
*120 ml / 4 fl oz vinho branco seco*
*225g / 8 onças de cogumelos, fatiados finos*
*½ cebola picada*
*1 dente de alho amassado*
*1 colher de sopa de tempero de ervas italianas secas*
*2 colheres de fubá*
*120 ml / 4 fl oz de água fria*
*sal e pimenta-do-reino moída na hora a gosto*
*225 g / 8 onças de macarrão, cozido, quente*

Combine todos os ingredientes, exceto fubá, água, sal, pimenta e macarrão, no fogão lento. Cubra e cozinhe em fogo baixo por 6 a 8 horas. Vire o fogo para alto e cozinhe por 10 minutos. Adicione o fubá e a água combinados, mexendo por 2-3 minutos. Tempere a gosto com sal e pimenta. Sirva sobre o macarrão.

## Vitela com Batatas e Arroz

*Uma caçarola de carne robusta que inclui batatas e arroz. As batatas adicionam uma textura grossa e o arroz ajuda a engrossar o saboroso molho.*

para 4 pessoas

*450 g / 1 libra de filé mignon magro, em cubos*
*120 ml / 4 fl oz caldo de carne*
*50g / 2 onças de repolho, picado grosseiramente*
*2 batatas pequenas sem casca e cortadas em rodelas*
*1 cebola grande, finamente picada*
*1 cenoura fatiada*
*2 dentes de alho amassados*
*120 ml / 4 fl oz vinho tinto seco ou caldo de carne*
*50 ml / 2 fl oz molho de tomate*
*2 colheres de chá de açúcar mascavo*
*1½ colheres de chá de vinagre de cidra*
*1½ colher de chá de tomilho seco*
*½ colher de chá de mostarda seca em pó*
*50g / 2oz arroz de grão longo fácil de cozinhar*
*2 colheres de fubá*
*50 ml / 2 fl oz de água fria*
*sal e pimenta-do-reino moída na hora a gosto*

Combine todos os ingredientes, exceto arroz, amido de milho, água, sal e pimenta, no fogão lento. Tampe e cozinhe em fogo baixo por 6 a 8 horas, acrescentando o arroz nas últimas 2 horas. Vire o fogo para alto e cozinhe por 10 minutos. Adicione o fubá e a água combinados, mexendo por 2-3 minutos. Tempere a gosto com sal e pimenta.

## Vitela e Abóbora com Polenta

*Se você não tiver um segundo fogão lento, a polenta pode ser feita no microondas, ou você pode cozinhar a polenta convencionalmente, seguindo as instruções da embalagem.*

serve 8

*900 g / 2 lbs de bife magro refogado, em cubos (2,5 cm / 1 polegada)*
*250 ml / 8 fl oz caldo de carne*
*500g / 18oz abóbora, descascada e em cubos*
*4 tomates médios picados*
*1 cebola picada*
*¾ colher de chá de manjerona seca*
*¾ colher de chá de tomilho seco*
*3 abobrinhas em cubos*
*sal e pimenta-do-reino moída na hora a gosto*
*700g / 1½ libra de polenta*

Misture todos os ingredientes, exceto abobrinha, sal, pimenta e polenta, em uma panela elétrica de 5,5 litros. Cubra e cozinhe em fogo baixo por 6 a 8 horas, adicionando a abobrinha durante os últimos 45 minutos. Tempere a gosto com sal e pimenta. Sirva sobre a polenta.

## *Caçarola de carne assada com vinho*

*As folhas de louro, alho, cogumelos e vinho tinto juntos adicionam um sabor forte e agradável a este prato.*

para 6

700 g / 1½ lb de filé mignon, em cubos
250 ml / 8 fl oz caldo de carne
250g / 9oz molho de tomate preparado
120 ml / 4 fl oz vinho tinto seco
175 g / 6 oz cogumelos, fatiados
2 cebolas picadas
1 talo de aipo, cortado em fatias finas
12 cenouras baby
6 batatas pequenas cortadas ao meio
1 dente de alho amassado
1 colher de chá de tomilho seco
2 folhas grandes de louro
1-2 colheres de farinha de milho
50 ml / 2 fl oz de água fria
sal e pimenta-do-reino moída na hora a gosto

Misture todos os ingredientes, exceto fubá, água, sal e pimenta, em uma panela elétrica de 5,5 litros. Cubra e cozinhe em fogo baixo por 6 a 8 horas. Vire o fogo para alto e cozinhe por 10 minutos. Adicione o fubá e a água combinados, mexendo por 2-3 minutos. Descarte as folhas de louro. Tempere a gosto com sal e pimenta.

## *Caçarola de vitela com alecrim*

*O alecrim perfumado é o destaque desta deliciosa caçarola.*

para 6

*700 g / 1 ½ lb de bife magro refogado, em cubos*
*375 ml / 13 fl oz caldo de carne*
*8 onças / 225 g de molho de tomate preparado*
*2 colheres de sopa de xerez seco (opcional)*
*425g / 15oz feijão francês, cortado em pedaços curtos*
*2 cebolas finamente picadas*
*1 cenoura fatiada*
*1 talo de aipo, fatiado*
*1 dente de alho grande, esmagado*
*1 colher de chá de alecrim seco*
*1 folha de louro*
*1-2 colheres de farinha de milho*
*50 ml / 2 fl oz de água fria*
*sal e pimenta-do-reino moída na hora a gosto*
*175 g / 6 onças de arroz, cozido, quente*

Misture todos os ingredientes, exceto fubá, água, sal, pimenta e arroz, em uma panela elétrica de 5,5 litros. Cubra e cozinhe em fogo baixo por 6 a 8 horas. Vire o fogo para alto e cozinhe por 10 minutos. Adicione o fubá e a água combinados, mexendo por 2-3 minutos. Descarte a folha de louro. Tempere a gosto com sal e pimenta. Sirva sobre o arroz.

## *Caçarola de bife de outono e batata-doce*

*As maçãs dão a esta caçarola de outono um toque de doçura.*

para 4 pessoas

*450 g / 1 libra de lombo magro, em cubos (2 cm / ¾ pol.)*

375 ml / 13 fl oz caldo de carne
1 lb / 450g de batata doce, descascada e em cubos
2 cebolas, cortadas em rodelas finas
1 colher de chá de alecrim seco
2 maçãs para comer, descascadas e cortadas em fatias grossas
50 g / 2 onças de ervilhas congeladas, descongeladas
2 colheres de fubá
50 ml / 2 fl oz de água fria
sal e pimenta-do-reino moída na hora a gosto

Combine todos os ingredientes, exceto maçãs, ervilhas, fubá, água, sal e pimenta, no fogão lento. Cubra e cozinhe em fogo baixo por 6 a 8 horas, adicionando as maçãs durante os últimos 15 minutos. Adicione as ervilhas, aumente o fogo para alto e cozinhe por 10 minutos. Adicione o fubá e a água combinados, mexendo por 2-3 minutos. Tempere a gosto com sal e pimenta.

## *Carne Grelhada e Jantar de Feijão*

*Use um molho e salsa prontos, além de uma lata de feijão, para fazer este prato saboroso com ingredientes do freezer e do armário.*

para 6

1 libra / 450g de bife de lombo, cortado em tiras de ½ / 1cm)
3 latas de 14 oz / 400 g de feijão, escorrido e enxaguado

8 onças / 225 g de molho de tomate preparado
100g / 4oz preparado de molho médio ou suave
3 cebolas bem picadas
2 dentes de alho amassados
2 colheres de sopa de vinagre de cidra
2-3 colheres de sopa de açúcar mascavo
1-3 colheres de chá de pimenta em pó
2 colheres de chá de molho Worcestershire
100 g / 4 onças de milho doce, descongelado se congelado
sal e pimenta-do-reino moída na hora a gosto

Combine todos os ingredientes, exceto o milho doce, sal e pimenta, no fogão lento. Cubra e cozinhe em fogo baixo por 6 a 8 horas, adicionando o milho doce durante os últimos 30 minutos. Tempere a gosto com sal e pimenta.

## Caçarola de lombo com páprica e creme azedo

Desfrute de carne tenra e vegetais em um molho de creme azedo de páprica.

para 4 pessoas

1 lb / 450 g de filé mignon desossado, sem gordura, cortado em tiras de 1 ½ / 1 cm
250 ml / 8 fl oz caldo de carne
400 g / 14 onças lata de tomate em cubos
500 g / 18 onças de batatas cerosas, em cubos

*8 oz / 225g de feijão francês, cortado ao meio*
*100g / 4oz cebolinha ou cebolinha*
*2 folhas de louro*
*1 colher de sopa de páprica*
*120ml de creme de leite*
*1 colher de farinha de milho*
*sal e pimenta-do-reino moída na hora a gosto*

Combine todos os ingredientes, exceto creme de leite, farinha de milho, sal e pimenta, no fogão lento. Cubra e cozinhe em fogo baixo por 6 a 8 horas. Adicione o creme de leite e o fubá combinados, mexendo por 2 a 3 minutos. Descarte as folhas de louro. Tempere a gosto com sal e pimenta.

## *Strogonoff de carne moída e legumes*

*O creme azedo e uma mistura de cogumelos fornecem um sabor rico e uma textura cremosa a este prato favorito.*

serve 8

*700 g / 1 ½ libras de carne moída magra*
*óleo, para lubrificar*
*120ml / 4 fl oz de água*
*50 ml / 2 fl oz de vinho tinto seco ou água*
*2 cebolas, em fatias finas*
*2 dentes de alho amassados*

*8 oz / 225g de cogumelos selvagens mistos, como shiitake, ostra, enoki ou brown cap, fatiados*
*1½ colher de chá de mostarda Dijon*
*½ colher de chá de endro seco*
*225 g / 8 oz floretes de brócolis*
*250 ml / 8 fl oz creme azedo*
*2 colheres de fubá*
*sal e pimenta-do-reino moída na hora a gosto*
*450 g / 1 lb macarrão, cozido, quente*

Cozinhe a carne moída em uma frigideira grande levemente untada com óleo em fogo médio até dourar, cerca de 10 minutos, partindo-a com um garfo. Combine a carne e os ingredientes restantes, exceto brócolis, creme azedo, fubá, sal, pimenta e macarrão, em um fogão lento. Cozinhe em fogo baixo por 6 a 8 horas, acrescentando o brócolis nos últimos 30 minutos. Adicione o creme de leite e o fubá combinados, mexendo por 2 a 3 minutos. Tempere a gosto com sal e pimenta. Sirva sobre o macarrão.

## Carne com cominho e pimentão

*Cubra esta deliciosa caçarola com creme azedo e sirva com tortilhas quentes.*

serve 8

600 ml / 1 litro de água fervente
2 a 6 chiles ancho ou outros pimentões picantes médios, caules, sementes e veias descartados
4 tomates, cortados em rodelas
2 lbs / 900 g de carne magra, em cubos (2 cm / ¾ pol.)
1 cebola grande picada
2 dentes de alho amassados

*1 colher de chá de jalapeño finamente picado ou outra malagueta média*
*1 colher de chá de orégano seco*
*1 colher de chá de sementes de cominho trituradas*
*1 colher de farinha de milho*
*3 colheres de sopa de água fria*
*sal e pimenta-do-reino moída na hora a gosto*
*Arroz com pimenta vermelha*

Despeje água fervente sobre as pimentas ancho em uma tigela. Deixe repousar até ficar macio, cerca de 10 minutos. Processe os pimentões, a água e os tomates em um processador de alimentos ou liquidificador até ficar homogêneo. Combine a mistura de pimenta e os ingredientes restantes, exceto farinha de milho, água, sal, pimenta e arroz de pimenta vermelha, em um fogão lento. Cubra e cozinhe em fogo baixo por 6 a 8 horas. Vire o fogo para alto e cozinhe por 10 minutos. Adicione o fubá e a água combinados, mexendo por 2-3 minutos. Tempere a gosto com sal e pimenta. Sirva sobre arroz de pimenta vermelha.

### Vitela Borgonha

*Esta caçarola de inspiração francesa é perfeita para uma ocasião especial sem estresse.*

serve 8

*900 g / 2 libras de bife magro para refogar*
*250 ml / 8 fl oz Borgonha ou outro vinho tinto*
*250 ml / 8 fl oz caldo de carne*
*1 colher de sopa de extrato de tomate*
*2 cebolas picadas*
*1 colher de chá de tomilho seco*
*1 colher de chá de alecrim seco*
*1 colher de chá de estragão seco*

*175g / 6oz cebolinhas ou chalotas*
*4½ oz / 130g de cogumelos fatiados*
*2 colheres de fubá*
*50 ml / 2 fl oz de água fria*
*25g / 1oz salsa fresca picada*
*sal e pimenta-do-reino moída na hora a gosto*

Misture carne, vinho, caldo, purê de tomate, cebola picada e ervas em uma panela elétrica de 5,5 litros. Cubra e cozinhe em fogo baixo por 6 a 8 horas, adicionando cebolinhas e cogumelos nas últimas 2 horas. Vire o fogo para alto e cozinhe por 10 minutos. Adicione o fubá e a água combinados, mexendo por 2-3 minutos. Adicione a salsinha e tempere a gosto com sal e pimenta.

## *strogonoff de carne*

*Sempre um prato popular, usar o fogão lento torna a carne macia e um prato principal ideal para entreter.*

para 4 pessoas

*450 g / 1 lb de filé de peixe-rei ou filé mignon, cortado em tiras de 1 cm / ½*

*250 ml / 8 fl oz caldo de carne*

*250 g / 9 oz cogumelos, fatiados*

*1 cebola fatiada*

*2 dentes de alho amassados*

*1 colher de chá de mostarda Dijon*

*½ colher de chá de tomilho seco*

*120ml de creme de leite*

*1 colher de farinha de milho*

*sal e pimenta-do-reino moída na hora a gosto*

*425g / 15oz macarrão, cozido, quente*

Combine todos os ingredientes, exceto creme de leite, fubá, sal, pimenta e macarrão, no fogão lento. Cubra e cozinhe em fogo baixo por 6 a 8 horas. Adicione o creme de leite e o fubá combinados, mexendo por 2 a 3 minutos. Tempere a gosto com sal e pimenta. Sirva sobre o macarrão.

## *Estrogonofe cremoso de carne com arroz*

*O rábano adiciona uma boa nitidez de sabor. Aumente a quantidade se desejar.*

para 4 pessoas

450 g / 1 libra de carne magra, em cubos (2,5 cm / 1 polegada)
250 ml / 8 fl oz caldo de carne
50 ml / 2 fl oz vinho tinto da Borgonha (opcional)
3 colheres de polpa de tomate
225 g / 8 onças de cogumelos, fatiados
2 cebolas picadas
2 dentes de alho grandes, esmagados
1 colher de chá de creme de raiz-forte
½ colher de chá de tomilho seco
1 folha de louro
175 ml / 6 fl oz creme azedo
2 colheres de fubá
sal e pimenta-do-reino moída na hora a gosto
100 g / 4 onças de arroz, cozido, quente

Combine todos os ingredientes, exceto creme de leite, fubá, sal, pimenta e arroz, no fogão lento. Cubra e cozinhe em fogo baixo por 6 a 8 horas. Adicione o creme de leite e o fubá combinados, mexendo por 2 a 3 minutos. Descarte a folha de louro. Tempere a gosto com sal e pimenta. Sirva sobre o arroz.

## *Strogonoff de carne e cogumelos*

*Sirva em tigelas rasas com pão crocante quente para absorver os sucos.*

para 4 pessoas

1 libra / 450g de bife de lombo, cortado em tiras de ½ / 1cm
375 ml / 13 fl oz caldo de carne
225 g / 8 onças de cogumelos, fatiados
1 cebola picada
3 chalotas ou cebolinhas picadas
1 dente de alho amassado
120–250 ml / 4–8 fl oz creme azedo
2 colheres de fubá
sal e pimenta-do-reino moída na hora a gosto

Combine todos os ingredientes, exceto creme de leite, farinha de milho, sal e pimenta, no fogão lento. Cubra e cozinhe em fogo baixo por 6 a 8 horas. Adicione o creme de leite e o fubá combinados, mexendo por 2 a 3 minutos. Tempere a gosto com sal e pimenta.

## *ragu de carne*

*Sirva esta caçarola sobre arroz, macarrão ou um grão cozido, como cevada, bagas de trigo ou aveia.*

serve 8

*900 g / 2 lbs de bife magro refogado, em cubos (2,5 cm / 1 polegada)*
*375 ml / 13 fl oz caldo de carne*
*2 cenouras grandes, fatiadas*
*2 talos de aipo, fatiados*
*225g / 8oz cebolinhas ou chalotas*
*1 dente de alho picado*
*1 colher de chá de orégano seco*
*1 colher de chá de tomilho seco*
*2 colheres de fubá*
*50 ml / 2 fl oz de água fria*
*sal e pimenta-do-reino moída na hora a gosto*

Misture todos os ingredientes, exceto fubá, água, sal e pimenta, em uma panela elétrica de 5,5 litros. Cubra e cozinhe em fogo baixo por 6 a 8 horas. Vire o fogo para alto e cozinhe por 10 minutos. Adicione o fubá e a água combinados, mexendo por 2-3 minutos. Tempere a gosto com sal e pimenta.

## *ensopado de carne*

*Na Hungria, esta caçarola temperada com páprica é chamada de gulyas e geralmente é servida com montinhos de creme azedo.*

para 4 pessoas

12-450 g / 1 libra de lombo magro, em cubos (2 cm / ¾ pol.)
400g / 14 onças tomates picados
225g / 8 onças de repolho, cortado em fatias grandes
3 cebolas cortadas em rodelas finas
4 oz / 100g de cogumelos portabella picados
1 colher de sopa de páprica
2 colheres de chá de sementes de cominho
1-2 colheres de farinha de milho
50 ml / 2 fl oz de água fria
sal e pimenta-do-reino moída na hora a gosto
8 onças / 225 g de macarrão de ovo médio, cozido, quente

Combine todos os ingredientes, exceto fubá, água, sal, pimenta e macarrão, no fogão lento. Cubra e cozinhe em fogo baixo por 6 a 8 horas. Vire o fogo para alto e cozinhe por 10 minutos. Adicione o fubá e a água, mexendo por 2-3 minutos. Tempere a gosto com sal e pimenta. Sirva sobre o macarrão.

# Goulash Húngaro

*Este prato tradicional de vitela tenramente cozida é aromatizado com pimentão e enriquecido com creme de leite.*

para 6

*900 g / 2 libras de lombo magro, em cubos (2,5 cm / 1 polegada)*
*400 g / 14 onças lata de tomate em cubos*
*1 cebola finamente picada*
*1 dente de alho amassado*
*1½ colher de chá de páprica*
*1 folha de louro*
*250 ml / 8 fl oz creme azedo*
*2 colheres de fubá*
*sal e pimenta-do-reino moída na hora a gosto*
*12 onças / 350 g de macarrão de ovo, cozido, quente*

Combine todos os ingredientes, exceto creme de leite, fubá, sal, pimenta e macarrão, no fogão lento. Cubra e cozinhe em fogo baixo por 6 a 8 horas. Adicione o creme de leite e o fubá combinados, mexendo por 2 a 3 minutos. Descarte a folha de louro. Tempere a gosto com sal e pimenta. Sirva sobre o macarrão.

## *Caçarola de Vitela com Porto*

*O rico e delicioso prato de Catherine Atkinson tem apenas um toque de doçura do melaço, dando-lhe um sabor quase caribenho.*

para 4 pessoas

175 g / 6 oz cebola botão, com casca
2 colheres de óleo de girassol
1½ lbs / 700 g de ensopado magro ou bife de lombo, aparado e cortado em cubos (5 cm / 2 pol.)
150g / 5 onças de cogumelos pequenos
1 dente de alho amassado ou 1 colher de chá de purê de alho
1 colher de sopa de farinha de trigo
300 ml / ½ litro de caldo de carne
2 laranjas
1 colher de sopa de extrato de tomate
1 colher de sopa de melaço blackstrap
2 colheres de sopa de porto
sal e pimenta-do-reino moída na hora
arroz e um legume verde, para servir

Coloque as cebolas em uma tigela refratária e despeje água fervente suficiente para cobrir. Deixe descansar por 5 a 10 minutos enquanto doura a carne. Aqueça o óleo em uma frigideira. Adicione a carne e cozinhe por 5 minutos, virando os pedaços com frequência até dourar. Transfira para o fogão lento de cerâmica com uma escumadeira, deixando a gordura e os sucos para trás.

Escorra as cebolas e retire a pele quando estiverem frias o suficiente para serem manuseadas. Adicione ao tacho com os cogumelos e cozinhe em lume brando até começarem a alourar. Adicione o alho e empurre a mistura para o lado. Polvilhe a farinha sobre a gordura e os sucos da panela. Mexa bem, depois acrescente o caldo aos poucos e deixe ferver. Retire do fogo.

Retire as raspas das laranjas com um ralador. Corte as laranjas ao meio e esprema o suco. Adicione as raspas e o suco à panela. Adicione o purê de tomate, o melaço e o porto. Tempere com sal e pimenta. Despeje a mistura sobre a carne no fogão lento de cerâmica. Cubra com a tampa e cozinhe em fogo baixo por 6 a 8 horas ou até que a carne e as cebolas estejam bem macias. Sirva com arroz e um vegetal verde como feijão verde.

## *carne à moda húngara*

*Sirva esta deliciosa caçarola de carne e legumes com pão crocante quente para absorver o molho maravilhoso.*

para 6

*450g / 1 libra de filé mignon magro, cortado em tiras finas*
*120 ml / 4 fl oz caldo de carne*
*120 ml / 4 fl oz de vinho tinto seco ou caldo de carne extra*
*8 onças / 225 g de molho de tomate preparado*
*450 g / 1 libra de batatas, descascadas e cortadas em cubos*
*2 cenouras grandes, fatiadas*
*2 talos de aipo, fatiados*
*2 cebolas finamente picadas*
*1 dente de alho grande, esmagado*
*1 colher de chá de tomilho seco*
*1 colher de chá de páprica*
*1 folha de louro*
*¼ colher de chá de mostarda seca em pó*
*120ml de creme de leite*
*1 colher de farinha de milho*
*sal e pimenta-do-reino moída na hora*

Combine todos os ingredientes, exceto creme de leite, farinha de milho, sal e pimenta, no fogão lento. Cubra e cozinhe em fogo baixo por 6 a 8 horas. Adicione o creme de leite e o fubá combinados, mexendo por 2 a 3 minutos. Descarte a folha de louro. Tempere a gosto com sal e pimenta.

## caçarola de carne italiana

*Pimentão verde, cogumelos, tomates e manjericão adicionam sabor a este prato de carne. Sirva sobre o linguine.*

para 4 pessoas

550 g / 1¼ lbs de lombo magro, em cubos (2,5 cm / 1 polegada)
400 g / 14 onças lata de tomate em cubos
2 cebolas picadas
1 pimentão verde picado
75g / 3 onças de cogumelos, fatiados
3 chalotas ou cebolinhas picadas
1 colher de chá de grânulos de caldo de carne ou um cubo de caldo de carne
1 colher de chá de manjericão seco
1 colher de chá de alho em pó
2 colheres de fubá
50 ml / 2 fl oz de água fria
sal e pimenta-do-reino moída na hora a gosto
175 g / 6 oz linguini, cozido, quente
3 colheres de sopa de salsa fresca picada
3 colheres de sopa de queijo parmesão fresco ralado

Combine todos os ingredientes, exceto fubá, água, sal, pimenta, linguini, salsa e queijo, no fogão lento. Cubra e cozinhe em fogo baixo por 6 a 8 horas. Vire o fogo para alto e cozinhe por 10 minutos. Adicione o fubá e a água combinados, mexendo por 2-3 minutos. Tempere a gosto com sal e pimenta. Sirva sobre o linguini, polvilhado com salsa e queijo parmesão.

## Caçarola de Carne com Cinco Especiarias

*Um prato simples de fazer com muito sabor asiático, graças ao pó de cinco especiarias chinesas e ao molho de pimenta chinês.*

para 4 pessoas

450 g / 1 libra de lombo magro, em cubos (2,5 cm / 1 polegada)
175 ml / 6 fl oz de suco de laranja
175 ml / 6 fl oz caldo de carne
225g / 8 onças de folhas de porcelana em fatias grossas
1 cebola, cortada em rodelas finas
1 pimentão vermelho, em fatias finas
1 colher de sopa de molho teriyaki
1 colher de chá de molho de alho chinês
1 ¼ colher de chá de cinco especiarias chinesas em pó
100g / 4oz macarrão de corda de feijão
sal e pimenta-do-reino moída na hora a gosto

Combine todos os ingredientes, exceto o macarrão, sal e pimenta, no fogão lento. Cubra e cozinhe por 6 a 8 horas.

Durante a última hora de cozimento, mergulhe o macarrão de feijão em água quente para cobrir em uma tigela grande por 15 minutos. Escorra e misture ao ensopado durante os últimos 30 minutos de cozimento. Tempere a gosto com sal e pimenta.

## Carne asiática com macarrão de gergelim

*Macarrão de gergelim é o acompanhamento perfeito para este prato aromático.*

serve 8

900 g / 2 lbs de bife magro refogado, em cubos (2,5 cm / 1 polegada)
250 ml / 8 fl oz de água
2 fatias finas de gengibre fresco
2 dentes de alho, cortados ao meio
2 cebolinhas, fatiadas
3-4 colheres de sopa de molho de soja
2-3 colheres de chá de açúcar
3 colheres de sopa de xerez seco (opcional)
50 g / 2 onças de ervilhas congeladas, descongeladas
2 colheres de fubá
50 ml / 2 fl oz de água fria
sal e pimenta-do-reino moída na hora a gosto
Macarrão de gergelim (veja abaixo)
1 colher de sopa de gergelim torrado
coentros frescos bem picados, para decorar

Combine todos os ingredientes, exceto ervilhas, fubá, água fria, sal, pimenta, macarrão de gergelim e sementes de gergelim, no fogão lento. Cubra e cozinhe em fogo baixo por 6 a 8 horas. Adicione as ervilhas, aumente o fogo para alto e cozinhe por 10 minutos.

Adicione o fubá e a água combinados, mexendo por 2-3 minutos. Tempere a gosto com sal e pimenta. Sirva a carne sobre macarrão de gergelim quente e polvilhe com sementes de gergelim e coentro fresco.

# Macarrão com Gergelim

*Use óleo de gergelim claro ou escuro, dependendo da sua preferência. Escuro é geralmente mais baixo em sal.*

*Serve 8 como um lado*

*350 g / 12 onças de macarrão fino, cozido, quente*
*2-4 colheres de chá de molho de soja*
*2 colheres de chá de óleo de gergelim torrado*
*2 cebolinhas, em fatias finas*

Cozinhe o macarrão de acordo com as instruções da embalagem. Misture o macarrão quente com os demais ingredientes. Servir quente.

## Carne Teriyaki e Brócolis

*Molho teriyaki japonês e gengibre adicionam muito sabor a este prato. Também pode ser servido com arroz, macarrão ou qualquer cereal.*

para 4 pessoas

12-450 g / 1 libra de filé mignon magro, cortado em tiras de 1 ½ cm / 1 cm

250 ml / 8 fl oz caldo de carne

1 cebola, cortada em rodelas finas

2 cenouras fatiadas

2,5 cm / 1 em pedaço raiz de gengibre fresco, ralado finamente

2 colheres de sopa de molho teriyaki

350 g / 12 onças pequenas florzinhas de brócolis

2 colheres de fubá

50 ml / 2 fl oz de água fria

sal e pimenta-do-reino moída na hora a gosto

8 onças / 225 g de macarrão, cozido, quente

Combine todos os ingredientes, exceto brócolis, fubá, água, sal, pimenta e macarrão, no fogão lento. Tampe e cozinhe em fogo baixo por 6 a 8 horas, acrescentando o brócolis nos últimos 30 minutos. Vire o fogo para alto e cozinhe por 10 minutos. Adicione o fubá e a água combinados, mexendo por 2-3 minutos. Tempere a gosto com sal e pimenta. Sirva sobre o macarrão.

## Ensopado de carne e feijão do Oriente Médio

*Especiarias doces dão toques de sabor do Oriente Médio a um bife suculento.*

serve 8

*450 g / 1 libra de bife magro refogado, em cubos*
*175g / 6oz feijão cannellini seco*
*1 litro / 1¾ litro de caldo de carne*
*4 cebolas picadas*
*2 dentes de alho amassados*
*2 folhas de louro*
*1 colher de chá de tomilho seco*
*½ colher de chá de canela em pó*
*uma pitada de cravo moído*
*10 oz / 275g de tomate picado*
*75g / 3 onças de arroz, cozido*
*sal e pimenta-do-reino moída na hora a gosto*

Misture todos os ingredientes, exceto tomate, arroz, sal e pimenta, em uma panela de cozimento lento de 5,5 litros. Tampe e cozinhe até que o feijão esteja macio, 7 a 8 horas, adicionando os tomates e o arroz nos últimos 30 minutos. Descarte as folhas de louro. Tempere a gosto com sal e pimenta.

## Caçarola de carne ao curry com pães de cebolinha

*Parte da carne nesta caçarola aromática é picada grosseiramente, dando à caçarola uma textura extra rica.*

serve 8

900 g / 2 libras de bife magro para refogar
375 ml / 13 fl oz caldo de carne
3 cebolas picadas
1 tomate grande, picado grosseiramente
1½ colher de chá de caril em pó
2 folhas de louro
sal e pimenta-do-reino moída na hora a gosto
10 oz / 275g de ervilhas congeladas, descongeladas
4 pãezinhos simples cortados ao meio
manteiga derretida ou spray de cozinha
cebolinho fresco ou seco picado, para decorar

Corte metade da carne em cubos de 2,5 cm. Pique grosseiramente a restante carne. Combine a carne e todos os outros ingredientes, exceto sal, pimenta, ervilhas, pãezinhos e manteiga ou spray de cozinha, na panela elétrica. Cubra e cozinhe em fogo baixo por 6 a 8 horas. Descarte as folhas de louro. Tempere a gosto com sal e pimenta. Adicione as ervilhas e coloque as metades do pão, com os lados cortados para baixo, em cima do ensopado. Pincele os pães levemente com manteiga ou regue com azeite e polvilhe com cebolinha. Cubra e cozinhe por 15 minutos.

## Carne grega com lentilhas

*Lentilhas e vegetais frescos são acompanhamentos deliciosos nesta caçarola fácil.*

para 6

450 g / 1 libra silverside, em cubos (2 cm / ¾ pol.)
750ml / 1¼ litro de caldo de carne
400 g / 14 onças lata de tomate em cubos
350 g / 12 onças de batatas farinhentas, em cubos
275 g / 10 onças de feijão francês, cortado em pedaços curtos
175 g / 6 onças de lentilhas verdes ou marrons secas
2 cebolas picadas
1 pimentão verde picado
2 dentes de alho amassados
1 colher de chá de orégano seco
1 colher de chá de hortelã seca
½ colher de chá de açafrão moído
½ colher de chá de coentro moído
1 abobrinha em cubinhos
sal e pimenta-do-reino moída na hora a gosto

Misture todos os ingredientes, exceto abobrinha, sal e pimenta, em uma panela elétrica de 5,5 litros. Tampe e cozinhe em fogo baixo por 6 a 8 horas, acrescentando a abobrinha nos últimos 30 minutos. Tempere a gosto com sal e pimenta.

## *Almôndegas Romano com Macarrão*

*Almôndegas combinadas com legumes e massa tricolor em uma deliciosa caçarola. As almôndegas ficarão menos quebradiças de manusear se você primeiro dourá-las em uma frigideira levemente untada com óleo.*

para 4 pessoas

Almôndegas Romano (veja abaixo)
900 ml / 1 ½ litro de caldo de carne
400 g / 14 onças podem tomates de ameixa picados
½ cebola picada
1 colher de chá de tempero de ervas italianas secas
100 g / 4 onças de fusilli tricolor, cozido
350 g / 12 onças pequenas florzinhas de brócolis
3 colheres de fubá
75 ml / 2½ fl oz água fria
sal e pimenta-do-reino moída na hora a gosto

Combine todos os ingredientes, exceto o macarrão, brócolis, amido de milho, água, sal e pimenta, no fogão lento, certificando-se de que as almôndegas estejam submersas. Tampe e cozinhe em fogo baixo por 6 a 8 horas, acrescentando o macarrão e os brócolis nos últimos 15 minutos. Vire o fogo para alto e cozinhe por 10 minutos. Adicione o fubá e a água combinados, mexendo por 2-3 minutos. Tempere a gosto com sal e pimenta.

## *almôndegas romanas*

*Essas saborosas almôndegas de carne adicionaram textura à farinha de aveia.*

Faz 16 almôndegas

*225g / 8 onças de carne picada magra*
*1 clara de ovo*
*50g / 2 onças de aveia*
*1 colher de sopa de cebola picada seca*
*½ colher de chá de tempero de ervas italianas secas*
*2 oz / 50g de queijo parmesão ou romano, ralado na hora*

Combine todos os ingredientes em uma tigela. Forme 16 almôndegas com a mistura.

# Massa à bolonhesa

*O molho à bolonhesa certamente deve ser o mais conhecido e popular de todos os molhos para massas.*

para 6

450 g / 1 libra carne moída magra
óleo, para lubrificar
½ cebola picada
½ cenoura picada
½ talo de aipo picado
3 dentes de alho, esmagados
1 ½ colher de chá de tempero de ervas italianas secas
uma pitada de noz-moscada ralada na hora
8 onças / 225 g de molho de tomate preparado
225g / 8 onças tomates picados
50 ml / 2 fl oz vinho tinto seco ou suco de tomate
½ colher de chá de sal
pimenta preta moída na hora, a gosto
350 g / 12 onças de espaguete, cozido, quente

Cozinhe a carne moída em uma frigideira média levemente untada com óleo em fogo médio até dourar, 5 a 8 minutos, partindo-a com um garfo. Combine a carne e os ingredientes restantes, exceto o espaguete, na panela de cozimento lento. Cubra e cozinhe em fogo baixo por 6 a 7 horas. Se quiser uma consistência mais espessa, cozinhe descoberto, baixando o fogo para Alto, nos últimos 30 minutos. Sirva o molho sobre o espaguete.

## *Filé ao molho de tomate*

*Tiras de bife são cozidas com batatas, ervilhas e cenouras em molho de tomate.*

para 6

*1½ lbs / 700 g de bife magro refogado, cortado em tiras de 1 ½ / 1 cm*
*400g / 14oz lata de tomate em cubos com ervas*
*8 onças / 225 g de molho de tomate preparado*
*4 batatas cerosas, em cubos*
*1 cebola grande, em fatias finas*
*½ colher de chá de alho em pó*
*10 oz / 275g de ervilhas e cenouras congeladas, descongeladas*
*2 colheres de fubá*
*50ml / 2 fl oz de água*
*sal e pimenta-do-reino moída na hora a gosto*

Combine todos os ingredientes, exceto vegetais congelados, farinha de milho, água, sal e pimenta, em uma panela elétrica de 5,5 litros. Cubra e cozinhe em fogo baixo por 6 a 8 horas, adicionando os vegetais congelados descongelados durante os últimos 10 minutos. Vire o fogo para alto e cozinhe por 10 minutos. Adicione o fubá e a água combinados, mexendo por 2-3 minutos. Tempere a gosto com sal e pimenta.

## Legumes da horta com abundantes almôndegas

*Se tiver tempo, doure as almôndegas em uma frigideira grande levemente untada com óleo, ou asse em forno ventilado 180ºC / gás 4 / 160ºC até dourar levemente, elas ficarão menos quebradiças e mais atraentes. Adicione as almôndegas ao fogão lento com cuidado, para que não se quebrem.*

para 6

almôndegas saudáveis
250 ml / 8 fl oz caldo de carne
2 latas de 14 oz / 400 g tomates em cubos
3 cenouras, em fatias grossas
1 colher de chá de manjericão seco
2 abobrinhas pequenas fatiadas
50 g / 2 onças de ervilhas congeladas, descongeladas
2 colheres de fubá
50 ml / 2 fl oz de água fria
sal e pimenta-do-reino moída na hora a gosto
350 g / 12 onças de macarrão ou fettuccine, cozido, quente

Misture todos os ingredientes, exceto abobrinha, ervilha, amido de milho, água, sal, pimenta e macarrão, em uma panela elétrica de 5,5 litros, certificando-se de que as almôndegas estejam submersas. Cubra e cozinhe em fogo baixo por 6 a 8 horas, adicionando a abobrinha e as ervilhas nos últimos 20 minutos. Vire o fogo para alto e cozinhe por 10 minutos. Adicione o fubá e a água combinados, mexendo por 2-3 minutos. Tempere a gosto com sal e pimenta. Sirva sobre o macarrão.

## Carne salgada e repolho roxo

*Vegetais de raiz e repolho são uma boa base para carne salgada.*

*para 4 pessoas*

*450 g / 1 libra de carne ou peito salgado, em cubos*
*1 libra / 450g de repolho roxo, cortado em fatias grandes*
*120ml caldo de galinha*
*4 batatas cerosas, em cubos*
*1 cenoura grande, fatiada*
*150g / 5 onças de nabo, em cubos*
*1 colher de sopa de vinagre de cidra*
*1 colher de chá de especiarias em conserva*
*sal e pimenta-do-reino moída na hora a gosto*

Combine todos os ingredientes, exceto sal e pimenta, no fogão lento. Cubra e cozinhe em fogo baixo por 6 a 8 horas. Tempere a gosto com sal e pimenta.

## *Vitela com Sálvia*

*Sálvia e vinho branco seco dão um toque delicado a este prato.*

para 6

*550 g / 1 ¼ lb pernil de vitela sem osso, em cubos*
*250 ml / 8 fl oz caldo de galinha*
*120 ml / 4 fl oz vinho branco seco*
*1 cebola picada*
*2 talos de aipo, fatiados*
*2 cenouras fatiadas*
*2 dentes de alho picados*
*½ colher de chá de sálvia seca*
*½ colher de chá de tomilho seco*
*sal e pimenta-do-reino moída na hora a gosto*
*12 onças / 350 g de macarrão de ovo, cozido, quente*

Combine todos os ingredientes, exceto sal, pimenta e macarrão, no fogão lento. Cubra e cozinhe em fogo baixo por 6 a 8 horas. Tempere a gosto com sal e pimenta. Sirva sobre o macarrão.

# Creme de Vitela com Ervilhas e Cogumelos

*Isso também seria delicioso com purê de batatas de verdade.*

para 6

550 g / 1¼ lb pernil de vitela sem osso, em cubos
250 ml / 8 fl oz caldo de galinha
1 cebola picada
2 talos de aipo, fatiados
175 g / 6 oz cogumelos, fatiados
2 dentes de alho picados
½ colher de chá de sálvia seca
½ colher de chá de tomilho seco
3 onças / 75 g de petits pois congelados, descongelados
175 ml / 6 fl oz de leite
2 colheres de fubá
50 ml / 2 fl oz de água fria
sal e pimenta-do-reino moída na hora a gosto
12 onças / 350 g de macarrão de ovo, cozido, quente

Combine todos os ingredientes, exceto petits pois, leite, fubá, água, sal, pimenta e macarrão, no fogão lento. Cubra e cozinhe em fogo baixo por 5 a 7 horas. Adicione os petits pois e o leite e cozinhe em fogo baixo por mais 1 hora. Vire o fogão lento em alta e cozinhe por 10 minutos. Adicione o fubá combinado e a água fria e mexa por 2-3 minutos. Tempere a gosto com sal e pimenta. Sirva sobre o macarrão.

## *carne marsala*

*O peito de frango pode ser substituído por vitela nesta caçarola e o caldo de galinha pelo Marsala. Sirva mais arroz, se desejar.*

para 4 pessoas

*450 g / 1 lb pernil bovino magro, em cubos*
*250 ml / 8 fl oz caldo de galinha*
*50–120 ml / 2–4 fl oz Marsala*
*175 g / 6 oz cogumelos, fatiados*
*2 dentes de alho amassados*
*¼ – ½ colher de chá de alecrim seco, esmagado*
*2 colheres de fubá*
*50 ml / 2 fl oz de água fria*
*sal e pimenta-do-reino moída na hora a gosto*

Combine todos os ingredientes, exceto fubá, água, sal e pimenta, no fogão lento. Cubra e cozinhe em fogo baixo por 6 a 8 horas. Vire o fogo para alto e cozinhe por 10 minutos. Adicione o fubá e a água combinados, mexendo por 2-3 minutos. Tempere a gosto com sal e pimenta.

## Paprikash de carne e legumes

*Use páprica quente ou doce nesta receita, dependendo da sua preferência.*

para 6

700 g / 1½ lb perna de vitela desossada, em cubos (1 cm / ½ pol.)
250 ml / 8 fl oz caldo de galinha
225g / 8 onças de repolho, em fatias finas
2 cebolas fatiadas
1 cenoura grande, fatiada
1 pimentão verde, fatiado
75g / 3 onças de cogumelos, fatiados
200g / 7oz tomates, picados
1 colher de sopa de páprica
1 abobrinha fatiada
120ml de creme de leite
2 colheres de fubá
sal e pimenta-do-reino moída na hora a gosto
350 g / 12 onças de macarrão, cozido, quente

Combine todos os ingredientes, exceto abobrinha, creme azedo, farinha de milho, sal, pimenta e macarrão, em uma panela elétrica de 5,5 litros. Tampe e cozinhe em fogo baixo por 6 a 8 horas, acrescentando a abobrinha nos últimos 30 minutos. Adicione o creme de leite e o fubá combinados, mexendo por 2 a 3 minutos. Tempere a gosto com sal e pimenta. Sirva sobre o macarrão.

## *carne com vinho*

*O peito de frango pode ser substituído por carne nesta receita. Sirva sobre arroz ou massa, com salada verde e pão estaladiço quentinho.*

para 6

700 g / 1½ lb pernil de vitela sem osso, em cubos (2 cm / ¾ pol.)
120ml caldo de galinha
120 ml / 4 fl oz molho de tomate preparado
120 ml / 4 fl oz vinho branco seco
175 g / 6 onças de batata-doce, descascadas e cortadas em cubos
1 cebola grande picada
1 dente de alho amassado
¼ pimentão vermelho picado
¼ pimentão verde picado
100 g / 4 oz ervilhas congeladas, descongeladas
2 colheres de fubá
50 ml / 2 fl oz de água fria
sal e pimenta-do-reino moída na hora a gosto

Combine todos os ingredientes, exceto ervilhas, fubá, água, sal e pimenta, no fogão lento. Cubra e cozinhe em fogo baixo por 6 a 8 horas. Adicione as ervilhas, aumente o fogo para alto e cozinhe por 10 minutos. Adicione o fubá e a água combinados, mexendo por 2-3 minutos. Tempere a gosto com sal e pimenta.

## *Vitela Salgada com Alcaravia*

*As sementes de alcaravia e anis trazem um sabor quente e picante a esta caçarola.*

serve 8

*900 g / 2 lbs de pernil bovino magro, em cubos (2 cm / ¾ pol.)*
*120ml caldo de galinha*
*120ml de vinho branco seco ou caldo de galinha extra*
*1 repolho pequeno, cortado em 8 fatias*
*3 alhos-porós (somente as partes brancas), em fatias grossas*
*175 g / 6 oz cogumelos, fatiados*
*3 dentes de alho, esmagados*
*1 colher de chá de sementes de alcaravia, esmagadas*
*¾ colher de chá de sementes de anis, esmagadas*
*2 folhas de louro*
*1 colher de farinha de milho*
*120ml de creme de leite*
*sal e pimenta-do-reino moída na hora a gosto*

Combine todos os ingredientes, exceto fubá, creme azedo, sal e pimenta, em um fogão lento de 9 ½ litro / 5,5 litros. Cubra e cozinhe em fogo baixo por 6 a 8 horas. Adicione o fubá e o creme de leite combinados, mexendo por 2 a 3 minutos. Descarte as folhas de louro. Tempere a gosto com sal e pimenta.

## *vitela sauvignon*

*Esta caçarola perfumada também é deliciosa servida com arroz aromático, como basmati ou jasmim.*

para 4 pessoas

*1 libra / 450g de costeletas de vitela desossadas, cortadas em tiras finas*
*120ml caldo de galinha*
*120 ml / 4 fl oz vinho branco seco*
*1 cebola cortada ao meio e em fatias finas*
*1 dente de alho amassado*
*1 colher de chá de manjerona desidratada*
*1 colher de sopa de extrato de tomate*
*½ couve-flor cortada em floretes pequenos*
*150 g / 5 onças de acelga ou espinafre, rasgado*
*sal e pimenta-do-reino moída na hora a gosto*
*8 onças / 225 g de fettuccine, cozido, quente*

Combine todos os ingredientes, exceto a couve-flor, acelga, sal, pimenta e macarrão, no fogão lento. Cubra e cozinhe em fogo baixo por 6 a 8 horas, adicionando a couve-flor e a acelga durante os últimos 30 minutos. Tempere a gosto com sal e pimenta. Sirva sobre o fettuccine.

## *carne mediterrânea*

A carne bovina ou suína pode ser substituída por vitela nesta receita. Se preferir um molho de consistência mais grossa, engrosse no final do tempo de cozimento com 1 a 2 colheres de sopa de fubá combinado com 50 ml de água fria.

para 6

1½ lbs / 700g de pernil bovino magro, em cubos
250 ml / 8 fl oz caldo de galinha
400 g / 14 onças lata de tomate em cubos
2 colheres de sopa de extrato de tomate
1 cebola picada grosseiramente
1 cenoura picada grosseiramente
2 dentes de alho amassados
¾ colher de chá de tomilho seco
¾ colher de chá de manjericão seco
1 folha de louro
50g / 2oz azeitonas sem caroço
2 colheres de sopa de alcaparras escorridas
sal e pimenta-do-reino moída na hora a gosto
350 g / 12 oz linguine, cozido, quente

Combine todos os ingredientes, exceto as azeitonas, alcaparras, sal, pimenta e macarrão, no fogão lento. Tampe e cozinhe em fogo baixo por 6 a 8 horas, acrescentando as azeitonas e as alcaparras nos últimos 30 minutos. Descarte a folha de louro. Tempere a gosto com sal e pimenta. Sirva sobre o macarrão.

## *Almôndegas de carne com molho de cogumelos e creme azedo*

*A delicada vitela é enriquecida com um molho cremoso para servir com fettuccine.*

para 4 pessoas

*225 g / 8 onças de cogumelos, fatiados*
*Almôndegas de carne (veja abaixo)*
*120ml caldo de galinha*
*250 ml / 8 fl oz creme azedo*
*3 colheres de fubá*
*sal e pimenta-do-reino moída na hora a gosto*
*8 onças / 225 g de fettuccine, cozido, quente*

Coloque três quartos dos cogumelos na panela de cozimento lento. Cubra com as almôndegas e os cogumelos restantes. Despeje o caldo. Cubra e cozinhe em fogo baixo por 5-6 horas. Retire as almôndegas e mantenha quente. Adicione o creme de leite e o fubá combinados ao caldo, mexendo por 2 a 3 minutos. Tempere a gosto com sal e pimenta. Sirva as almôndegas e o molho sobre o fettuccine.

## *almôndegas de carne*

*A carne pode ser substituída por frango picado, carne de porco ou carne bovina.*

Faz 12 a 16 almôndegas

700 g / 1 ½ lb de carne moída
2 cebolinhas, finamente picadas
1 dente de alho amassado
2 ovos
50 ml / 2 fl oz caldo de galinha ou leite
40g / 1 ½ oz farinha de rosca seca
1 colher de chá de sal
¼ colher de chá de pimenta

Combine todos os ingredientes em uma tigela. Molde a mistura em 12-16 almôndegas.

## Osso Buco

*Gremolata, uma mistura picante de salsa picada finamente, raspas de limão e alho, é tradicionalmente adicionada a este prato clássico do norte da Itália.*

para 6

4 lbs / 1,75 kg de canela cortada em 6 pedaços, sem gordura
2 latas de 14 oz / 400 g tomates em cubos
120 ml / 4 fl oz de vinho branco seco ou água
3 cenouras picadas
3 dentes de alho, esmagados
2 talos de aipo, em fatias finas
1 cebola picada
¾ colher de chá de manjericão seco
¾ colher de chá de tomilho seco
2 folhas de louro
gremolata
sal e pimenta-do-reino moída na hora a gosto
8 oz / 225 g de arroz, cozido, quente

Misture todos os ingredientes, exceto a Gremolata, sal, pimenta e arroz, em uma panela elétrica de 5,5 litros. Cubra e cozinhe em fogo baixo por 6 a 8 horas. Descarte as folhas de louro. Adicione metade da Gremolata e tempere a gosto com sal e pimenta. Sirva sobre o arroz e espalhe o restante da Gremolata.

# *Lombo de Porco Recheado com Frutas*

*A carne de porco sempre tem um sabor perfeito em contraste com a fruta, e as ameixas são um acompanhamento especialmente saboroso. Se preferir, pode usar qualquer fruta seca neste recheio perfumado.*

Serve 6 a 8

*130 g / 4 ½ oz de ameixas sem caroço*
*900 g / 2 lb de lombo de porco desossado*
*½ maçã descascada e picada*
*½ colher de chá de manjerona seca*
*½ colher de chá de sálvia seca*
*sal e pimenta-do-reino moída na hora a gosto*
*120 ml / 4 fl oz de vinho branco seco ou suco de maçã*
*2 colheres de fubá*
*2 colheres de mel*
*175 ml / 6 fl oz leite integral ou creme*

Mergulhe as ameixas em água quente para cobrir até ficarem macias, 10 a 15 minutos. Seque bem. Pique em pedaços grandes. Empurre o cabo de uma longa colher de pau pelo centro do lombo para fazer uma abertura para o recheio.

Combine ameixas, maçã e ervas. Empurre a mistura pela carne com o cabo de uma colher de pau. Polvilhe levemente a parte externa do assado com sal e pimenta. Coloque um termômetro de carne na carne, certificando-se de que a ponta não encoste no recheio.

Coloque a carne de porco e o vinho ou suco de maçã no fogão lento. Tampe e cozinhe em fogo baixo até a temperatura registrar 71ºC, cerca de 3 horas. Retire a carne para um prato e mantenha quente. Vire o fogo para alto e cozinhe por 10 minutos. Adicione a mistura de fubá, mel e leite ou creme, mexendo por 2 a 3 minutos.

## *Lombo de Porco Refogado ao Leite*

*A carne de porco é extremamente macia e úmida quando assada no leite. O leite e os sucos de cozimento são então coados e a coalhada descartada, para fazer um molho saboroso.*

serve 8

*1,5 kg / 3 lb de lombo de porco desossado*
*sal e pimenta-do-reino moída na hora a gosto*
*120 ml / 4 fl oz de leite integral*
*50 ml / 2 fl oz de vinho branco seco ou leite*
*2 ramos grandes de alecrim fresco*
*2 ramos de sálvia fresca*
*2 dentes de alho amassados*

Polvilhe levemente a carne de porco com sal e pimenta. Insira um termômetro de carne no centro do assado de forma que a ponta fique no centro da carne. Coloque a carne e os demais ingredientes na panela de cozimento lento. Tampe e cozinhe em fogo baixo até que um termômetro de carne registre 71ºC, cerca de 4 horas. Retire para uma travessa para servir. Coe o caldo, descartando o requeijão e as ervas. Prepare o molho com o caldo ou reserve para outro uso.

Nota: Para fazer o molho, meça o caldo coado e despeje em uma panela pequena. Aqueça até ferver. Para cada 8 fl oz / 250 ml de caldo, misture 2 colheres de sopa de farinha com 2 fl oz / 50 ml de água fria, mexendo até engrossar, cerca de 1 minuto.

## sanduíches de carne de porco

*Sugiro usar pães de hambúrguer aqui, mas você também pode experimentar pão francês crocante branco ou integral.*

serve 10

1 lombo de porco desossado, desengordurado (cerca de 1,5kg / 3lb)
esfregar especiarias
450 ml / ¾ litro de molho barbecue preparado
50 ml / 2 fl oz vinagre de vinho tinto
50g / 2 onças de açúcar mascavo claro
2 cebolas médias, fatiadas
120ml / 4 fl oz de água
pães de hambúrguer tostados
picles

Esfregue o lombo de porco com Spice Rub e coloque-o no fogão lento. Despeje os ingredientes combinados restantes, exceto os pães de hambúrguer e os picles. Cubra e cozinhe em fogo baixo por 6 a 8 horas, virando o fogo para alto nos últimos 20 a 30 minutos. Retire a carne de porco para uma travessa e deixe-a descansar, coberta com papel alumínio, por cerca de 10 minutos. Desfie a carne de porco com um garfo e misture com a mistura de churrasco. Coloque a carne de porco dentro de pães de hambúrguer torrados e cubra com picles.

# Porco Assado com Chutney de Manga

*Um chutney de manga caseiro fica maravilhoso com carne de porco assada. Prepare o molho picante com antecedência. Ele vai ficar na geladeira por várias semanas. Também fica excelente se servido com frango.*

serve 8

1 cebola finamente picada
120ml caldo de galinha
1,5 kg / 3 lb de lombo de porco desossado
pimentas
sal e pimenta-do-reino moída na hora
Chutney de manga (veja abaixo)

Coloque a cebola e o caldo na panela de cozimento lento. Polvilhe levemente a carne de porco com páprica, sal e pimenta. Insira um termômetro de carne no centro da carne de porco para que a ponta fique no centro da carne. Coloque a carne de porco no fogão lento. Tampe e cozinhe em fogo baixo até que um termômetro de carne registre 71ºC, cerca de 4 horas. Retire a carne de porco para uma travessa e deixe descansar, coberta frouxamente com papel alumínio, por cerca de 10 minutos. Faça um molho com a mistura do caldo ou reserve para sopa ou outro uso. Sirva a carne de porco com Mango Chutney.

Nota: Para fazer o molho, meça a mistura de caldo e despeje em uma panela pequena. Aqueça até ferver. Para cada 8 fl oz / 250 ml de caldo, misture 2 colheres de sopa de farinha com 2 fl oz / 50 ml de água fria, mexendo até engrossar, cerca de 1 minuto.

## *chutney de manga*

*Sirva com curry ou carne de porco.*

Serve 8 como um lado

3 mangas picadas
225g / 8 onças de açúcar mascavo claro
120 ml / 4 fl oz de vinagre de cidra
1½ oz / 40g de sultanas
2 colheres de chá de jalapeno finamente picado ou outra pimenta malagueta média
4 cm / 1½ em raiz de gengibre fresco, ralada finamente
1 dente de alho grande, esmagado
4 vagens de cardamomo, esmagadas
1 pau de canela pequeno
2 dentes
Sal a gosto

Combine todos os ingredientes no fogão lento. Cubra e cozinhe em fogo alto por 3 1/2 horas. Descubra e cozinhe até engrossar, cerca de 2 horas. Fresco. Refrigerar. Tempere a gosto com sal.

## Lombo de porco com molho de mostarda

*Este lombo de porco cozinha até ficar macio em cerca de 4 horas e é servido com molho de mostarda.*

serve 8

*2 cebolas picadas*
*120ml caldo de galinha*
*1,5 kg / 3 lb de lombo de porco desossado*
*pimentas*
*sal e pimenta-do-reino moída na hora*
*Molho de mostarda (veja abaixo)*

Coloque as cebolas e o caldo na panela de cozimento lento. Polvilhe levemente a carne de porco com páprica, sal e pimenta. Insira um termômetro de carne no centro do assado de forma que a ponta fique no centro da carne. Coloque a carne de porco no fogão lento. Tampe e cozinhe em fogo baixo até que um termômetro de carne registre 71ºC, cerca de 4 horas. Retire a carne de porco para uma travessa e deixe descansar, frouxamente coberta com papel alumínio, por cerca de 10 minutos. Coe o caldo e as cebolas. Disponha as cebolas ao redor da carne de porco. Reserve o caldo para sopa ou outro uso. Sirva a carne de porco com molho de mostarda.

## *Mostarda*

*O molho ideal para acompanhar carne de porco em qualquer forma.*

Rende aproximadamente 300 ml / ½ pint

*200g / 7 onças de açúcar em pó*
*25g / 1oz de mostarda seca em pó*
*1 colher de farinha*
*120 ml / 4 fl oz de vinagre de cidra*
*2 ovos*
*1 colher de sopa de manteiga ou margarina*

Misture o açúcar, a mostarda seca e a farinha em uma panela pequena. Bata o vinagre e os ovos. Cozinhe até engrossar, cerca de 10 minutos. Adicione a manteiga ou margarina.

## Carne de porco assada com molho de compota

*Reserve qualquer caldo deixado no fogão lento para outro uso. Se não tiver licor de laranja para o molho de compota, use a mesma medida de água.*

serve 8

*2 cebolas picadas*
*120ml caldo de galinha*
*1,5 kg / 3 lb de lombo de porco desossado*
*pimentas*
*sal e pimenta-do-reino moída na hora*
*Molho de geléia (veja abaixo)*

Coloque as cebolas e o caldo na panela de cozimento lento. Polvilhe levemente a carne de porco com páprica, sal e pimenta. Insira um termômetro de carne no centro do assado de forma que a ponta fique no centro da carne. Coloque a carne de porco no fogão lento. Tampe e cozinhe em fogo baixo até que um termômetro de carne registre 71ºC, cerca de 4 horas. Retire a carne de porco para uma travessa e deixe descansar, frouxamente coberta com papel alumínio, por cerca de 10 minutos. Coe o caldo e as cebolas. Disponha as cebolas ao redor da carne de porco. Sirva a carne de porco com o molho de compota.

## molho de geléia

*Delicioso com carne de porco assada, mas também como cobertura de inúmeras tortas e pudins.*

Faz 450 g / 1 libra

*450 g / 1 lb marmelada de laranja*
*2 colheres de sopa de manteiga ou margarina*
*2 colheres de licor de laranja*

Aqueça a geléia, a manteiga ou margarina e o licor em uma panela pequena até ficar bem quente.

# Lombo de Porco com Molho de Cebola

*O molho de cebola acompanha muito bem os assados de porco e também os assados de vaca e os enchidos.*

serve 8

2 cebolas picadas
120ml caldo de galinha
1,5 kg / 3 lb de lombo de porco desossado
pimentas
sal e pimenta-do-reino moída na hora
farinha comum
água fria ou leite

Coloque as cebolas e o caldo na panela de cozimento lento. Polvilhe levemente a carne de porco com páprica, sal e pimenta. Insira um termômetro de carne no centro do assado de forma que a ponta fique no centro da carne. Coloque a carne de porco no fogão lento. Tampe e cozinhe em fogo baixo até que um termômetro de carne registre 71ºC, cerca de 4 horas. Retire a carne de porco para uma travessa e deixe descansar, frouxamente coberta com papel alumínio, por cerca de 10 minutos.

Para fazer o molho de cebola, coe o caldo em uma jarra medidora, reservando as cebolas. Leve o caldo para ferver em uma frigideira média. Para cada 8 fl oz / 250 ml de caldo, adicione 2 colheres de sopa de farinha combinada com 2 fl oz / 50 ml de água fria ou leite, mexendo até engrossar, cerca de 1 minuto. Tempere a gosto com sal e pimenta. Disponha as cebolas à volta da carne de porco e sirva com o molho de cebola.

## Lombo de porco com molho de tomate e gengibre

*Reserve a mistura de caldo coado para sopa ou outro uso.*

serve 8

*2 cebolas picadas*
*120ml caldo de galinha*
*1,5 kg / 3 lb de lombo de porco desossado*
*pimentas*
*sal e pimenta-do-reino moída na hora*
*Ketchup com Gengibre (veja abaixo)*

Coloque as cebolas e o caldo na panela de cozimento lento. Polvilhe levemente a carne de porco com páprica, sal e pimenta. Insira um termômetro de carne no centro do assado de forma que a ponta fique no centro da carne. Coloque a carne de porco no fogão lento. Tampe e cozinhe em fogo baixo até que um termômetro de carne registre 71ºC, cerca de 4 horas. Retire a carne de porco para uma travessa e deixe descansar, frouxamente coberta com papel alumínio, por cerca de 10 minutos. Coe o caldo e reserve as cebolas para fazer o molho de tomate com gengibre. Sirva a carne de porco com molho de tomate com gengibre.

## *Molho de tomate com gengibre*

*Se você está fazendo isso para acompanhar a receita de lombo de porco desta página, para simplificar, eu usaria as cebolas escorridas do caldo no final do cozimento, em vez de fazê-las do zero.*

Serve 8 como um lado

*2 cebolas picadas*
*um pouco de azeite, para fritar*
*10 oz / 275g de tomate picado*
*75g / 3oz abobrinha, finamente picada*
*1 cenoura bem picada*
*2,5 cm / 1 em pedaço raiz de gengibre fresco, ralado finamente*
*sal e pimenta-do-reino moída na hora*

Refogue as cebolas em um pouco de azeite até dourar levemente em uma frigideira média. Adicione os tomates, a abobrinha, a cenoura e o gengibre e aqueça, tampado, até que os tomates estejam macios e a mistura borbulhante, 3 a 4 minutos. Cozinhe rapidamente, descoberto, até que o excesso de líquido acabe, cerca de 5 minutos. Tempere a gosto com sal e pimenta.

## *Lombo de Porco com Coulis de Cranberry*

*Você pode não ter pensado em um acompanhamento à base de cranberry para carne de porco, mas os dois combinam muito bem.*

serve 8

*120ml caldo de galinha*
*1,5 kg / 3 lb de lombo de porco desossado*
*pimentas*
*sal e pimenta-do-reino moída na hora*
*Cranberry Coulis (veja abaixo)*

Coloque o caldo no fogão lento. Polvilhe levemente a carne de porco com páprica, sal e pimenta. Insira um termômetro de carne no centro do assado de forma que a ponta fique no centro da carne. Coloque a carne de porco no fogão lento. Tampe e cozinhe em fogo baixo até que um termômetro de carne registre 71ºC, cerca de 4 horas. Retire a carne de porco para uma travessa e deixe descansar, frouxamente coberta com papel alumínio, por cerca de 10 minutos. Sirva a carne de porco com Cranberry Coulis.

## *coulis de amora*

*Não se esqueça de dar tempo para que os mirtilos descongelem, se você os usar congelados.*

Serve 8 como um lado

*6 oz / 175g de mirtilos congelados ou frescos descongelados*
*250 ml / 8 fl oz de suco de laranja*
*50g / 2 onças de açúcar em pó*
*2-3 colheres de sopa de mel*

Leve cranberries com suco de laranja, açúcar e mel para ferver em uma panela média. Reduza o fogo e cozinhe, coberto, até que os cranberries estejam macios, 5 a 8 minutos. Processe em um processador de alimentos ou liquidificador até ficar quase homogêneo.

## *Lombo de porco com molho de aguardente de cereja*

*Os molhos de cereja são mais conhecidos como acompanhamento de pato, mas este fica ótimo com lombo de porco.*

serve 8

*120ml caldo de galinha*
*1,5 kg / 3 lb de lombo de porco desossado*
*pimentas*
*sal e pimenta-do-reino moída na hora*

Coloque o caldo no fogão lento. Polvilhe levemente a carne de porco com páprica, sal e pimenta. Insira um termômetro de carne no centro do assado de forma que a ponta fique no centro da carne. Coloque a carne de porco no fogão lento. Tampe e cozinhe em fogo baixo até que um termômetro de carne registre 71ºC, cerca de 4 horas. Retire a carne de porco para uma travessa e deixe descansar, frouxamente coberta com papel alumínio, por cerca de 10 minutos. Sirva a carne de porco com molho de aguardente de cereja.

## calda de cereja

*Este molho é delicioso feito com cerejas frescas quando estão na estação, mas descongelá-las congeladas também funcionará bem.*

Serve 8 como um lado

*2 colheres de açúcar*
*2 colheres de fubá*
*¼ colher de chá de pimenta da Jamaica moída*
*120 ml / 4 fl oz de água fria*
*175 g / 6 oz cerejas escuras sem caroço*
*1 colher de sopa de aguardente*
*suco de limão, a gosto*

Combine açúcar, farinha de milho, pimenta da Jamaica e água fria em uma panela média. Adicione as cerejas e aqueça até ferver, mexendo até engrossar, cerca de 1 minuto. Misture o conhaque e adicione o suco de limão a gosto.

## *Ombro de porco assado com macarrão*

*Este assado de porco cozinha com maciez derretida, perfeito para as seguintes variações: carne de porco salgada com ervas, carne de porco teriyaki e tacos de carne de porco.*

serve 8

2 cebolas picadas
250 ml / 8 fl oz caldo de galinha
1,5 kg / 3 lb ombro de porco desossado
sal e pimenta-do-reino moída na hora
3 colheres de fubá
75ml / 2½ fl oz de água
450 g / 1 lb macarrão, cozido, quente

Coloque a cebola e o caldo na panela de cozimento lento. Polvilhe levemente a carne de porco com sal e pimenta e coloque-a no fogão lento. Cubra e cozinhe em fogo baixo por 7 a 8 horas. Retire a carne de porco e desfie a carne.

Vire o fogão lento em alta. Cozinhe por 10 minutos. Adicione o fubá e a água combinados, mexendo por 2-3 minutos. Retorne a carne de porco ao fogão lento e misture. Sirva sobre o macarrão.

## *Carne de porco salgada com ervas*

*Sirva esta carne de porco com ervas sobre macarrão ou arroz, ou use-a como um delicioso recheio para sanduíches.*

serve 8

*2 cebolas picadas*
*1 pimentão verde cortado em rodelas*
*250 ml / 8 fl oz caldo de galinha*
*3 dentes de alho, esmagados*
*2 colheres de chá de azeite*
*1 colher de chá de sálvia seca*
*1 colher de chá de tomilho seco*
*sal e pimenta-do-reino moída na hora*
*1,5 kg / 3 lb ombro de porco desossado*
*3 colheres de fubá*
*75ml / 2 ½ fl oz de água*

Coloque a cebola, o pimentão fatiado e o caldo na panela de cozimento lento. Misture o alho, o azeite, a sálvia, o tomilho, ½ colher de chá de sal e uma boa pitada de pimenta e pincele toda a carne de porco. Coloque a carne de porco no fogão lento. Cubra e cozinhe em fogo baixo por 7 a 8 horas. Retire a carne de porco e desfie a carne.

Vire o fogão lento em alta. Cozinhe por 10 minutos. Adicione o fubá e a água combinados, mexendo por 2-3 minutos. Retorne a carne de porco ao fogão lento e misture.

## *carne de porco teriyaki*

*Esta tenra carne de porco é servida com macarrão ou arroz, ou mesmo enrolada em tortillas de farinha quentes.*

serve 8

*2 cebolas picadas*
*250 ml / 8 fl oz caldo de galinha*
*1,5 kg / 3 lb ombro de porco desossado*
*sal e pimenta-do-reino moída na hora*
*50 ml / 2 fl oz marinada teriyaki*

Coloque a cebola e o caldo na panela de cozimento lento. Polvilhe levemente a carne de porco com sal e pimenta e coloque-a no fogão lento. Cubra e cozinhe em fogo baixo por 7 a 8 horas. Retire a carne de porco e desfie a carne. Misture a carne com a marinada teriyaki, adicionando caldo e mistura de cebola apenas o suficiente para umedecer.

## *tacos de porco*

*Você pode fazer seu próprio tempero para taco, mas acho que os pacotes de mistura prontos para uso são muito, muito bons.*

serve 8

*250 ml / 8 fl oz caldo de galinha*
*1,5 kg / 3 lb ombro de porco desossado*
*sal e pimenta-do-reino moída na hora*
*½ – 1 pacote de mistura de tempero para taco*
*8 tacos ou tortillas de farinha*
*alface picada, tomate em cubos, abacate em cubos ou amassado e creme azedo*

Coloque o caldo no fogão lento. Polvilhe levemente a carne de porco com sal e pimenta e coloque-a no fogão lento. Cubra e cozinhe em fogo baixo por 7 a 8 horas. Retire a carne de porco e desfie a carne.

Misture a carne de porco desfiada com o tempero do taco, adicionando caldo suficiente para umedecer. Sirva em tacos quentes ou tortillas de farinha com alface picada, tomate e abacate em cubos e creme azedo.

## *Costeletas de Porco com Aipo*

*Aproveite a praticidade da sopa enlatada para fazer um delicioso molho para costeletas de porco.*

para 4 pessoas

*4 costeletas de lombo de porco sem osso, cerca de 100g cada*
*1 colher de chá de tomilho seco*
*sal e pimenta-do-reino moída na hora a gosto*
*1 cebola pequena, cortada ao meio e fatiada*
*4 cebolinhas, em fatias finas*
*1 raminho pequeno de aipo, fatiado*
*11 oz / 300 g lata de creme de aipo*
*120 ml / 4 fl oz de leite semidesnatado*

Polvilhe as costeletas de porco com tomilho, sal e pimenta. Coloque no fogão lento, adicionando a cebola e o aipo. Despeje a sopa e o leite combinados. Cubra e cozinhe em fogo baixo por 4 a 5 horas.

## Costeletas de Porco Portabella

*Os cogumelos Portabella são grandes e têm pele sedosa e marrom clara. Use outros cogumelos de copo fechado, se preferir.*

para 4 pessoas

4 costeletas de lombo de porco sem osso, cerca de 100g cada
1 colher de chá de tomilho seco
sal e pimenta-do-reino moída na hora a gosto
4 oz / 100g de cogumelos portabella picados
11 oz / 300 g lata de Creme de Creme de Cogumelos
120 ml / 4 fl oz de leite semidesnatado

Polvilhe as costeletas de porco com tomilho, sal e pimenta. Coloque no fogão lento, adicionando os cogumelos. Despeje a sopa e o leite combinados. Cubra e cozinhe em fogo baixo por 4 a 5 horas.

# Costeletas de porco com molho hoisin de damasco

*O jantar mais fácil, estilo fogão lento! Sirva mais arroz, se desejar.*

para 6

6 costeletas de lombo de porco sem osso, cerca de 100g cada
sal e pimenta-do-reino moída na hora a gosto
50 ml / 2 fl oz caldo de galinha
150g / 5oz de conserva de damasco
3 colheres de sopa de molho hoisin
2-3 colheres de chá de fubá
2 colheres de sopa de coentro ou salsinha fresca bem picadinha

Polvilhe as costeletas de porco levemente com sal e pimenta e coloque-as no fogão lento. Adicione o caldo. Cubra e cozinhe até que as costeletas estejam macias, cerca de 3 horas. Retire as costeletas e mantenha quente. Vire o fogo para alto e cozinhe por 10 minutos. Adicione os ingredientes combinados restantes ao caldo, mexendo por 2 a 3 minutos. Sirva o molho sobre as costeletas de porco.

## Costeletas de Porco Sálvia

*A sálvia é um complemento perfeito para a carne de porco, e a mostarda dá um toque final picante.*

para 4 pessoas

4 costeletas de lombo de porco desossadas (cerca de 100g / 4oz cada)
½ cebola picada
10 ml / 2 colheres de chá de sálvia seca
120ml caldo de galinha
120ml de vinho branco seco ou caldo de galinha extra
1 colher de farinha de milho
2 colheres de mel
2 colheres de sopa de água
1-2 colheres de sopa de mostarda Dijon
1-2 colheres de sopa de suco de limão
sal e pimenta-do-reino moída na hora a gosto

Combine costeletas de porco, cebola, sálvia, caldo e vinho no fogão lento. Cubra e cozinhe até que as costeletas estejam macias, 3 a 4 horas. Retire as costeletas e mantenha quente. Ligue o fogo para Alto. Adicione a mistura de fubá, mel e água ao caldo. Cozinhe, descoberto, até que os sucos tenham a consistência de um molho fino, cerca de 5 minutos. Tempere a gosto com mostarda, suco de limão, sal e pimenta.

## *Porco com Ameixas*

*As ameixas podem parecer uma adição surpreendente, mas acrescentam uma dimensão maravilhosamente rica ao molho.*

Serve 6 a 8

*2 lbs / 900 g de lombo de porco desossado, em cubos (1½ pol / 4 cm)*
*225 g / 8 onças de ameixas sem caroço*
*375 ml / 13 fl oz caldo de galinha*
*120ml de vinho branco seco ou caldo de galinha extra*
*Raspas de 1 limão*
*2 colheres de fubá*
*50 ml / 2 fl oz de água fria*
*1-2 colheres de chá de suco de limão*
*sal e pimenta-do-reino moída na hora a gosto*
*8 oz / 225 g de arroz ou cuscuz, cozido, quente*

Combine todos os ingredientes, exceto fubá, água, suco de limão, sal, pimenta e arroz ou cuscuz, no fogão lento. Cubra e cozinhe em fogo baixo por 6 a 8 horas. Vire o fogo para alto e cozinhe por 10 minutos. Adicione o fubá e a água combinados, mexendo por 2-3 minutos. Tempere a gosto com suco de limão, sal e pimenta. Sirva sobre arroz ou cuscuz.

## Carne de porco com peras e damascos

*Tal como na receita anterior, esta deliciosa colherada sobre o arroz, mas também resulta muito bem com cuscuz. Você também pode adicionar um pouco de suco de limão ao prato acabado, se quiser.*

Serve 6 a 8

*2 lbs / 900 g de lombo de porco desossado, em cubos (1½ pol / 4 cm)*
*100g / 4oz peras secas*
*100g / 4oz damascos secos*
*375 ml / 13 fl oz caldo de galinha*
*120ml de vinho branco seco ou caldo de galinha extra*
*2 colheres de sopa de raspas de laranja*
*2 colheres de fubá*
*50 ml / 2 fl oz de suco de laranja*
*sal e pimenta-do-reino moída na hora a gosto*

Combine todos os ingredientes, exceto o fubá, suco de laranja, sal e pimenta, no fogão lento. Cubra e cozinhe em fogo baixo por 6 a 8 horas. Vire o fogo para alto e cozinhe por 10 minutos. Adicione o fubá e o suco de laranja combinados, mexendo por 2 a 3 minutos. Tempere a gosto com sal e pimenta.

## *Carne de porco caipira com molho de ameixa*

*O molho de ameixa e o mel tornam estes bifes doces de comer! Se desejar, eles podem ser dourados na grelha antes de servir.*

*para 4 pessoas*

*4 bifes de ombro de porco, cerca de 600g / 1lb 6oz peso total*
*200g / 7 onças de molho de ameixa*
*100g / 4 onças de mel*
*1 colher de sopa de molho de soja*
*2 colheres de fubá*
*50 ml / 2 fl oz de suco de laranja*
*sal e pimenta-do-reino moída na hora a gosto*

Coloque os filés no fogão lento. Despeje o molho de ameixa combinado, mel e molho de soja sobre os filés. Cubra e cozinhe em fogo baixo por 6 a 8 horas. Retire os filés para uma travessa. Fique aquecido. Vire o fogo para alto e cozinhe por 10 minutos. Adicione o fubá e o suco de laranja combinados, mexendo por 2 a 3 minutos. Tempere e sirva o molho sobre os filés.

## *Presunto de Laranja e Mel*

*Este presunto fácil de fazer é sutilmente aromatizado com laranja e mel.*

*Serve 8 a 10*

*1,5 kg / 3 lb de presunto defumado sem osso*
*75 ml / 2½ fl oz de suco de laranja*
*75 ml / 2½ onças fluidas de mel*
*½ colher de chá de cravo moído*
*1½ colher de farinha de milho*
*50 ml / 2 fl oz de água fria*
*2 colheres de sopa de xerez seco (opcional)*

Coloque um termômetro de carne no presunto de forma que a ponta fique próxima ao centro. Coloque no fogão lento. Adicione o suco de laranja, mel e cravo. Tampe e cozinhe em fogo baixo até a temperatura registrar 68ºC, cerca de 3 horas. Retire o presunto para uma fonte e mantenha quente.

Meça 375 ml / 13 fl oz do caldo em uma frigideira e aqueça até ferver. Adicione a farinha de milho combinada, água e xerez, batendo até engrossar, cerca de 1 minuto. Sirva o molho sobre o presunto.

## Ragu de porco e abóbora

*Pão de alho saudável é delicioso com esta caçarola saudável.*

*para 4 pessoas*

*450 g / 1 libra de lombo de porco desossado, em cubos (2 cm / ¾ pol.)*
*2 latas de 14 oz / 400 g tomates em cubos*
*400g / 14oz lata de feijão vermelho, escorrido e enxaguado*
*6 oz / 175g de abóbora ou outra abóbora, descascada e em cubos*
*3 cebolas picadas*
*1½ pimentão verde picado*
*2 dentes de alho, de preferência assados, amassados*
*2 colheres de chá de tempero de ervas italianas secas*
*sal e pimenta-do-reino moída na hora a gosto*
*Pão de Alho Saudável (veja abaixo)*

Combine todos os ingredientes, exceto o sal, a pimenta e o Pão de Alho Saudável, no fogão lento. Cubra e cozinhe em fogo baixo por 6 a 8 horas. Tempere a gosto com sal e pimenta. Sirva com pão de alho saudável.

## *pão de alho saudável*

*Experimente este pão de alho com baixo teor de gordura.*

para 4 pessoas

*4 fatias grossas de baguete ou ciabatta*
*spray de azeite para cozinhar*
*2 dentes de alho, cortados ao meio*

Pulverize generosamente ambos os lados do pão com spray de cozinha. Grelhe até dourar, cerca de 1 minuto de cada lado. Esfregue os dois lados da torrada quente com os lados cortados do alho.

## *Carne de porco com pimentão e abobrinha*

*Esta combinação ensolarada de carne de porco e legumes pode ser servida sobre macarrão.*

para 4 pessoas

*450 g / 1 lb de lombo ou lombo de porco desossado, em cubos (2,5 cm / 1 polegada)*

*8 onças / 225 g de molho de tomate preparado*

*120ml caldo de galinha*

*3 colheres de sopa de xerez seco (opcional)*

*1 pimentão vermelho cortado em rodelas*

*1 pimentão verde cortado em rodelas*

*1 cebola grande picada*

*1 dente de alho amassado*

*¾ colher de chá de manjericão seco*

*¾ colher de chá de tomilho seco*

*1 folha de louro*

*1 abobrinha fatiada*

*1 colher de farinha de milho*

*2 colheres de sopa de água fria*

*sal e pimenta-do-reino moída na hora a gosto*

*225 g / 8 oz fusilli, cozido, quente*

Combine todos os ingredientes, exceto abobrinha, amido de milho, água, sal, pimenta e fusilli, no fogão lento. Tampe e cozinhe em fogo baixo por 6 a 8 horas, acrescentando a abobrinha nos últimos 30 minutos. Adicione o fubá e a água combinados, mexendo por 2 a 3 minutos. Descarte a folha de louro. Tempere a gosto com sal e pimenta. Sirva sobre o fusilli.

## Carne de porco com alcachofras e feijão branco

*Um toque de laranja com alecrim aromático contribui para esses sabores toscanos.*

*para 6*

*700 g / 1½ lb de lombo de porco desossado, em cubos (2 cm / ¾ pol.)*
*400 g / 14 onças lata de tomate em cubos*
*400 g / 14 oz lata cannellini ou feijão verde, escorrido e enxaguado*
*150 ml / ¼ litro de caldo de galinha*
*2 dentes de alho amassados*
*1 colher de chá de alecrim seco*
*1 colher de chá de raspas de laranja*
*400g / 14oz lata de corações de alcachofra, escorridos, enxaguados e cortados em quartos*
*1 colher de farinha de milho*
*2 colheres de sopa de água fria*
*sal e pimenta-do-reino moída na hora*

Combine todos os ingredientes, exceto alcachofras, amido de milho, água, sal e pimenta, no fogão lento. Cubra e cozinhe em fogo baixo por 6 a 8 horas, adicionando os corações de alcachofra nos últimos 30 minutos. Vire o fogo para alto e cozinhe por 10 minutos. Adicione o fubá e a água combinados, mexendo por 2-3 minutos. Tempere a gosto com sal e pimenta.

## *frango com vermute*

*O vermute traz sempre um toque de elegância. Ao final do tempo de cozimento, os sucos podem ser engrossados com a combinação de 2 colheres de sopa de fubá e 50 ml de água fria, se desejar.*

serve 8

1,5 kg / 3 lb peitos e coxas de frango sem pele
175 ml / 6 fl oz caldo de galinha
4 fl oz / 120 ml de vermute seco ou caldo de galinha
4 batatas novas em cubos
4 cenouras, em fatias grossas
100 g / 4 onças de cogumelos, cortados ao meio ou em quartos
1 cebola grande, em fatias finas
2 talos de aipo, fatiados
1 dente de alho amassado
½ colher de chá de tomilho seco
sal e pimenta-do-reino moída na hora a gosto

Misture todos os ingredientes, exceto sal e pimenta, em uma panela de cozimento lento de 5,5 litros. Cubra e cozinhe em fogo baixo por 6 a 8 horas. Tempere a gosto com sal e pimenta.

## *Frango com brócolis ao vinho branco*

*Uma abobrinha amarela contrasta lindamente com o brócolis neste prato, mas a abobrinha verde também funciona. Sirva com arroz ou pão italiano para absorver o delicioso caldo.*

para 4 pessoas

450 g / 1 libra de filé de peito de frango sem pele, em cubos
120ml caldo de galinha
120 ml / 4 fl oz vinho branco seco
1 cebola picada
2 dentes de alho grandes, esmagados
1 folha de louro
1 colher de chá de orégano seco
1 colher de chá de tomilho seco
175 g / 6 onças pequenas florzinhas de brócolis
175 g / 6 onças de abobrinha ou abóbora amarela, em cubos
sal e pimenta-do-reino moída na hora a gosto

Combine todos os ingredientes, exceto o brócolis, abobrinha ou abóbora, sal e pimenta, no fogão lento. Cubra e cozinhe em fogo alto por 4 a 5 horas, adicionando o brócolis e a abobrinha ou abóbora nos últimos 20 minutos. Descarte a folha de louro. Tempere a gosto com sal e pimenta.

## *frango xerez*

*Ervilhas de neve e pimentão vermelho são excelentes com frango cozido em caldo de gengibre, xerez e soja.*

para 4 pessoas

450 g / 1 libra de filé de peito de frango sem pele, em cubos
250 ml / 8 fl oz caldo de galinha
2 cebolas picadas
½ pimentão vermelho picado
1 dente de alho amassado
1 cm / ½ em pedaço de raiz de gengibre fresco, ralado finamente
150 g / 5 oz ervilhas, cortadas
1½ colher de farinha de milho
2 colheres de sopa de xerez seco (opcional)
3-4 colheres de sopa de molho de soja
1-2 colheres de chá de óleo de gergelim torrado
sal e pimenta-do-reino moída na hora a gosto
350g / 12oz macarrão de ovo chinês ou macarrão, cozido, quente
2 cebolinhas, fatiadas

Combine frango, caldo, cebola, pimentão, alho e gengibre no fogão lento. Cubra e cozinhe em fogo alto por 3 a 4 horas, adicionando ervilhas durante os últimos 20 minutos. Adicione o fubá, o xerez e o molho de soja combinados, mexendo por 2 a 3 minutos. Tempere a gosto com óleo de gergelim, sal e pimenta. Sirva sobre o macarrão, polvilhado com cebolinha.

## *Frango Borgonha com Batatas Novas*

*O vinho tinto é perfeito para fazer um molho bom e forte para frango e cogumelos. Sirva sobre macarrão ou arroz com uma salada verde.*

para 6

*1 frango, cerca de 2½ libras / 1,25 kg, cortado em pedaços*
*120ml caldo de galinha*
*120 ml / 4 fl oz vinho da Borgonha*
*8 oz / 225g de cogumelos baby, cortados ao meio*
*6 batatas novas pequenas, lavadas*
*100g / 4oz cebolinha ou cebolinha*
*6 cebolinhas, fatiadas*
*1 dente de alho amassado*
*¾ colher de chá de tomilho seco*
*1-2 colheres de farinha de milho*
*2 a 4 colheres de sopa de água*
*sal e pimenta-do-reino moída na hora a gosto*

Misture todos os ingredientes, exceto fubá, água, sal e pimenta, em uma panela elétrica de 5,5 litros. Cubra e cozinhe em fogo baixo por 6 a 8 horas. Vire o fogo para alto e cozinhe por 10 minutos. Adicione o fubá e a água combinados, mexendo por 2-3 minutos. Tempere a gosto com sal e pimenta.

## *frango provençal*

*Vinho, tomate, muito alho e a combinação francesa de ervas dão muito sabor ao tenro frango cozido.*

para 4 pessoas

*450 g / 1 libra de filés de peito de frango sem pele, em cubos (2 cm / ¾ pol.)*

*2 latas de 14 oz / 400 g tomates em cubos*

*120 ml / 4 fl oz vinho branco seco*

*120ml caldo de galinha*

*4 batatas descascadas e cortadas em fatias finas*

*4 dentes de alho, esmagados*

*1½ – 2 colheres de chá de Herbes de Provence ou ervas misturadas*

*2 colheres de fubá*

*50ml / 2 fl oz de água*

*sal e pimenta-do-reino moída na hora a gosto*

*manjericão fresco bem picadinho, para decorar*

Combine todos os ingredientes, exceto fubá, água, sal e pimenta, no fogão lento. Cubra e cozinhe em fogo baixo por 6 a 8 horas. Vire o fogo para alto e cozinhe por 10 minutos. Adicione o fubá e a água combinados, mexendo por 2-3 minutos. Tempere a gosto com sal e pimenta. Polvilhe generosamente com manjericão.

# *Luau de frango em suco de abacaxi*

*O suco de abacaxi dá ao frango um delicioso sabor agridoce.*

para 6

*700 g / 1½ lb de filé de peito de frango sem pele, em cubos*
*120ml caldo de galinha*
*120 ml / 4 fl oz suco de abacaxi sem açúcar*
*225 g / 8 onças de cogumelos, fatiados*
*2 cenouras, cortadas na diagonal*
*1 cebola roxa pequena, em fatias finas*
*1 dente de alho amassado*
*2-3 colheres de sopa de arroz ou vinagre de cidra*
*2-3 colheres de sopa de molho de soja*
*2 tomates pequenos, cortados em rodelas finas*
*100 g / 4 oz ervilhas congeladas, descongeladas*
*1-2 colheres de farinha de milho*
*2 a 4 colheres de sopa de água*
*sal e pimenta-do-reino moída na hora a gosto*
*100 g / 4 onças de arroz, cozido, quente*

Combine todos os ingredientes, exceto tomates, ervilhas, farinha de milho, água, sal, pimenta e arroz, no fogão lento. Tampe e cozinhe em fogo baixo por 6 a 8 horas, acrescentando os tomates nos últimos 30 minutos. Adicione as ervilhas, aumente o fogo para alto e cozinhe por 10 minutos. Adicione o fubá e a água combinados, mexendo por 2-3 minutos. Tempere a gosto com sal e pimenta. Sirva sobre o arroz.

## *Frango caribenho com feijão preto*

*Canela, cravo e rum dão vida a este prato de frango e feijão preto.*

para 4 pessoas

*1 libra / 450g de filés de peito de frango sem pele, cortados em tiras finas*
*250 ml / 8 fl oz caldo de galinha*
*400g / 14oz lata de feijão preto, escorrido e enxaguado*
*8 onças / 225 g de molho de tomate preparado*
*1 cebola picada*
*½ pimentão verde grande picado*
*2 dentes de alho amassados*
*½ colher de chá de canela em pó*
*¼ colher de chá de cravo moído*
*2 a 4 colheres de sopa de rum light (opcional)*
*sal e pimenta caiena, a gosto*
*75 g / 3 onças de arroz, cozido, quente*

Combine todos os ingredientes, exceto o rum, sal, pimenta caiena e arroz, no fogão lento. Cubra e cozinhe em fogo alto por 4 a 5 horas. Tempere a gosto com rum, sal e pimenta caiena. Sirva sobre o arroz.

## *galo no vinho*

*Esta versão fácil do clássico francês é perfeita para o fogão lento.*

para 6

*6 filés de peito de frango sem pele, com cerca de 100g cada, cortados ao meio*
*120ml caldo de galinha*
*120 ml / 4 fl oz vinho da Borgonha*
*4 fatias de bacon cortadas em cubinhos*
*3 cebolinhas, fatiadas*
*100g / 4oz cebolinha ou cebolinha*
*225g / 8 onças de cogumelos pequenos*
*6 batatas novas pequenas cortadas ao meio*
*1 dente de alho amassado*
*½ colher de chá de tomilho seco*
*1-2 colheres de farinha de milho*
*2 a 4 colheres de sopa de água*
*sal e pimenta-do-reino moída na hora a gosto*

Combine todos os ingredientes, exceto fubá, água, sal e pimenta, no fogão lento. Cubra e cozinhe em fogo baixo por 6 a 8 horas. Vire o fogo para alto e cozinhe por 10 minutos. Adicione o fubá e a água combinados, mexendo por 2-3 minutos. Tempere a gosto com sal e pimenta.

## *frango com páprica*

*Sirva este prato com fatias grossas de pão de fermento quente.*

para 4 pessoas

1 lb / 450 g de filés de peito de frango sem pele, cortados em quartos no sentido do comprimento

400g / 14 onças tomates enlatados

120ml caldo de galinha

2 cebolas finamente picadas

2 dentes de alho amassados

1 pimentão verde picado

75g / 3 onças de cogumelos, fatiados

2½ – 3 colheres de chá de páprica

1 colher de chá de sementes de papoula

120ml de creme de leite

1 colher de farinha de milho

sal e pimenta-do-reino moída na hora a gosto

10 oz / 275 g de macarrão, cozido, quente

Combine todos os ingredientes, exceto creme de leite, fubá, sal, pimenta e macarrão, no fogão lento. Cubra e cozinhe em fogo baixo por 6 a 8 horas. Adicione o creme de leite e o fubá combinados, mexendo por 2 a 3 minutos. Tempere a gosto com sal e pimenta. Sirva sobre o macarrão.

## *frango caxemira*

*Esta caçarola saudável é aromatizada com passas e especiarias doces do Oriente Médio.*

para 6

350–450 g / 12 oz – 1 lb de filé de peito de frango sem pele, em cubos (2,5 cm / 1 polegada)
2 latas de 14 oz / 400 g de feijão, escorrido e enxaguado
400 g / 14 onças podem tomates ameixa
3 cebolas picadas
½ pimentão vermelho grande picado
2 colheres de chá de alho picado
¼ colher de chá de flocos de malagueta picada
1 colher de chá de cominho moído
1 colher de chá de canela em pó
50g / 2 onças de passas
sal e pimenta-do-reino moída na hora a gosto
8 onças / 225 g de cuscuz, embebido, quente

Combine todos os ingredientes, exceto as passas, sal, pimenta e cuscuz, no fogão lento. Cubra e cozinhe em fogo alto por 4-5 horas, adicionando as passas durante os últimos 30 minutos. Tempere a gosto com sal e pimenta. Sirva sobre o cuscuz.

# *Caril de Frango com Maçã e Cenoura*

*Maçã e passas adicionam doçura a este saboroso curry.*

para 4 pessoas

450 g / 1 libra de filé de peito de frango sem pele, em cubos
250 ml / 8 fl oz caldo de galinha
1 cenoura grande, fatiada
½ cebola picada
2 cebolinhas, fatiadas
1 dente de alho amassado
1-2 colheres de chá de caril em pó
½ colher de chá de gengibre moído
1 maçã, descascada e fatiada
1½ oz / 40g de passas
175 ml / 6 fl oz de leite semidesnatado
1 colher de farinha de milho
sal e pimenta-do-reino moída na hora a gosto
75 g / 3 onças de arroz, cozido, quente

Combine frango, caldo, cenoura, cebola, alho e especiarias no fogão lento. Cubra e cozinhe em fogo alto por 4-5 horas, adicionando a maçã e as passas durante os últimos 30 minutos. Adicione o leite e o fubá combinados, mexendo por 2-3 minutos. Tempere a gosto com sal e pimenta. Sirva sobre o arroz.

# *Frango e cenoura com especiarias tailandesas*

*Se você não encontrar molho de amendoim tailandês, pode usar 1 colher de sopa de manteiga de amendoim e ¼ – ½ colher de chá de flocos de pimenta esmagados.*

para 4 pessoas

450 g / 1 libra de filé de peito de frango sem pele, em cubos
300 ml / ½ litro de caldo de galinha
4 cenouras cortadas na diagonal
6 cebolinhas, fatiadas
2,5 cm / 1 em pedaço raiz de gengibre fresco, ralado finamente
3 dentes de alho grandes, esmagados
1 colher de sopa de molho de soja
1 colher de sopa de molho tailandês de amendoim
1 colher de chá de açúcar
½ – 1 colher de chá de óleo de gergelim torrado
sal e pimenta-do-reino moída na hora a gosto
75 g / 3 onças de arroz, cozido, quente

Combine todos os ingredientes, exceto óleo de gergelim, sal, pimenta e arroz, no fogão lento. Cubra e cozinhe em fogo alto por 3 a 4 horas. Tempere a gosto com óleo de gergelim, sal e pimenta. Sirva sobre o arroz.

# Frango ao curry indiano e legumes

*A mistura de especiarias no tempero do caril confere a este prato um sabor único.*

para 6

1 lb / 450 g de filés de peito de frango sem pele, cortados em quartos no sentido do comprimento

175 ml / 6 fl oz caldo de legumes

175 ml / 6 fl oz leite de coco

400 g / 14 onças lata de tomate em cubos

175g / 6 onças de purê de tomate

225 g / 8 onças de cogumelos picados grosseiramente

175 g / 6 onças de batata, em cubos

1 cenoura grande, fatiada

100 g / 4 oz pequenos floretes de couve-flor

150g / 5oz feijão francês, cortado em pedaços curtos

2 cebolas finamente picadas

2 colheres de sopa de vinagre de vinho branco

2 colheres de açúcar mascavo

1-2 colheres de sopa de curry

100g / 4oz quiabo, aparado e cortado em pedaços curtos

Sal a gosto

3 oz / 75g de arroz integral, cozido, quente

Misture todos os ingredientes, exceto o quiabo, o sal e o arroz, em uma panela de cozimento lento de 5,5 litros. Tampe e cozinhe em fogo baixo por 6 a 8 horas, acrescentando o quiabo nos últimos 30 minutos. Tempere a gosto com sal. Sirva com o arroz.

# *tempero curry*

*Por que usar curry em pó comprado em loja quando você pode fazer o seu próprio?*

para 6

*2 colheres de chá de coentro moído*
*1 colher de chá de cúrcuma moída*
*1 colher de chá de pimenta em pó*
*½ colher de chá de cominho moído*
*½ colher de chá de mostarda seca em pó*
*½ colher de chá de gengibre moído*
*½ colher de chá de pimenta preta*

Combine todos os ingredientes.

# *Caril de frango com couve-flor e batatas*

*Uma variedade de especiarias se combinam para fazer o curry perfumado que apimenta este prato.*

para 4 pessoas

350–450 g / 12 oz – 1 lb de filé de peito de frango sem pele, em cubos
250 ml / 8 fl oz caldo de galinha
½ couve-flor pequena, cortada em buquês
2 batatas em cubos
2 cenouras, em fatias grossas
1 tomate grande, picado
1 cebola picada
2 dentes de alho
¾ colher de chá de açafrão moído
½ colher de chá de mostarda seca em pó
½ colher de chá de cominho moído
½ colher de chá de coentro moído
1-2 colheres de sopa de suco de limão
sal e pimenta caiena, a gosto

Combine todos os ingredientes, exceto suco de limão, sal e pimenta caiena, no fogão lento. Cubra e cozinhe em fogo baixo por 5-6 horas. Tempere a gosto com suco de limão, sal e pimenta caiena.

## Caril de Frango e Gengibre

*Este prato de frango é temperado com uma deliciosa mistura de curry e gengibre temperado.*

serve 10

*2 frangos, com cerca de 1,25 kg cada, cortados em pedaços*
*375 ml / 13 fl oz caldo de galinha*
*4 cebolas picadas*
*200g / 7oz tomates, descascados, sem sementes e picados*
*2 dentes de alho amassados*
*Curry Ginger Spice Blend (veja abaixo)*
*175 g / 6 oz ervilhas congeladas, descongeladas*
*15g / ½ oz de coentro fresco, picado*
*250 ml / 8 fl oz creme azedo*
*2 colheres de fubá*
*sal e pimenta-do-reino moída na hora a gosto*
*100 g / 4 onças de arroz, cozido, quente*

Misture frango, caldo, cebola, tomate, alho e temperos de gengibre e curry em uma panela elétrica de 5,5 litros. Tampe e cozinhe em fogo baixo por 6 a 8 horas, acrescentando as ervilhas nos últimos 20 minutos. Adicione o coentro e o creme de leite e fubá combinados, mexendo por 2 a 3 minutos. Tempere a gosto com sal e pimenta. Sirva sobre o arroz.

# *Curry Gengibre Mistura de Especiarias*

*Isso vai durar alguns dias.*

serve 10

*5cm/2 raízes frescas de gengibre, finamente ralado*
*1 colher de sopa de sementes de sésamo*
*2 colheres de chá de sementes de coentro*
*1 colher de chá de sementes de cominho*
*1 colher de chá de cúrcuma moída*
*1 colher de chá de sal*
*¼ colher de chá de grãos de pimenta*
*¼ colher de chá de sementes de funcho*
*¼ colher de chá de flocos de malagueta picada*

Processe todos os ingredientes em um moedor de especiarias ou processador de alimentos até ficar bem moído.

# Caril de Frango e Maçã

*Os sabores de maçã e gengibre dão a este prato de frango uma adorável doçura quente. Sirva com Arroz com Espinafres.*

para 6

700 g / 1½ lb de filés de peito de frango sem pele, cortados ao meio ou em quartos
375 ml / 13 fl oz caldo de galinha
2 cebolas picadas
2 cenouras grandes, fatiadas
1 dente de alho amassado
1½ colher de sopa de caril em pó
1 colher de chá de gengibre moído
1 maçã pequena para cozinhar, descascada e fatiada
250 ml / 8 fl oz creme azedo
2 colheres de fubá
sal e pimenta-do-reino moída na hora a gosto

Combine todos os ingredientes, exceto maçã, creme azedo, fubá, sal e pimenta, no fogão lento. Cubra e cozinhe em fogo baixo por 5-6 horas, adicionando a maçã durante os últimos 30 minutos. Adicione o creme de leite e o fubá combinados, mexendo por 2 a 3 minutos. Tempere a gosto com sal e pimenta.

# *Frango marroquino com cuscuz*

*Delicie o seu paladar com esta caçarola picante e frutada.*

para 4 pessoas

*450 g / 1 libra de filés de peito de frango sem pele, em cubos (2 cm / ¾ pol.)*

*2 latas de tomate de 14 oz / 400 g*

*½ cebola bem picada*

*2 dentes de alho amassados*

*½ colher de chá de canela em pó*

*½ colher de chá de coentro moído*

*¼ colher de chá de flocos de malagueta picada*

*75g / 3oz damascos secos prontos para consumo, cortados em quartos*

*75g / 3 onças de groselha*

*½ colher de chá de sementes de cominho, levemente esmagadas*

*sal e pimenta-do-reino moída na hora a gosto*

*100 g / 4 oz cuscuz, embebido, quente*

Combine todos os ingredientes, exceto sal, pimenta e cuscuz, no fogão lento. Cubra e cozinhe em fogo alto por 3 a 4 horas. Tempere a gosto com sal e pimenta. Sirva sobre o cuscuz.

## *Frango marroquino e grão de bico*

*Este prato é ótimo para entretenimento porque serve oito pessoas e pode ser facilmente dobrado para uma panela elétrica de 8 litros/14 litros.*

serve 8

*8 filés de peito de frango sem pele, cerca de 4 oz / 100g cada, cortados ao meio ou em quartos*
*400 g / 14 oz lata de grão-de-bico, escorrido e enxaguado*
*120ml caldo de galinha*
*2 cebolas pequenas picadas*
*4 dentes de alho, esmagados*
*2 colheres de chá de gengibre moído*
*1 colher de chá de cúrcuma moída*
*1 pau de canela*
*75g / 3 onças de passas*
*2-3 colheres de sopa de suco de limão*
*sal e pimenta-do-reino moída na hora a gosto*

Misture todos os ingredientes, exceto as passas, suco de limão, sal e pimenta, em uma panela elétrica de 5,5 litros. Cubra e cozinhe em fogo alto por 4-5 horas, adicionando as passas durante os últimos 30 minutos. Descarte o pau de canela. Tempere a gosto com suco de limão, sal e pimenta.

## *Frango à moda do Oriente Médio*

*Frango e grão de bico são temperados com cominho, pimenta da Jamaica e cravo e cozidos com cuscuz e passas.*

para 4 pessoas

*450 g / 1 libra de filés de peito de frango sem pele, em cubos (2,5 cm / 1 polegada)*
*375 ml / 13 fl oz caldo de galinha*
*400 g / 14 oz lata de grão-de-bico, escorrido e enxaguado*
*400g / 14oz tomates, picados*
*2 cebolas pequenas picadas*
*½ pimentão verde grande picado*
*2 dentes de alho amassados*
*1 folha de louro*
*1½ colher de chá de tomilho seco*
*1 colher de chá de cominho moído*
*¼ colher de chá de pimenta da Jamaica moída*
*175g / 6oz cuscuz*
*1½ oz / 40g de passas*
*sal e pimenta-do-reino moída na hora a gosto*

Combine todos os ingredientes, exceto cuscuz, passas, sal e pimenta, no fogão lento. Cubra e cozinhe em fogo alto por 4 a 5 horas, adicionando o cuscuz e as passas durante os últimos 5 a 10 minutos. Descarte a folha de louro. Tempere a gosto com sal e pimenta.

# *Frango Carvão*

*O molho de tomate com aroma de laranja, levemente temperado com ervas e vinho, aproveita o cozimento lento para fundir os sabores.*

para 6

*6 filés de peito de frango sem pele, cerca de 4 oz / 100g cada, cortados em quartos*
*250 ml / 8 fl oz caldo de galinha*
*120 ml / 4 fl oz vinho branco seco*
*3 colheres de polpa de tomate*
*175 g / 6 oz cogumelos, fatiados*
*1 cenoura grande, fatiada*
*1 cebola pequena picada*
*3 dentes de alho, esmagados*
*2 colheres de sopa de raspas de laranja*
*1 colher de chá de estragão seco*
*1 colher de chá de tomilho seco*
*1½ oz / 40g de ervilhas congeladas, descongeladas*
*sal e pimenta-do-reino moída na hora a gosto*
*12 oz / 350 g de linguine ou outra massa plana, cozida, quente*

Combine todos os ingredientes, exceto sal, pimenta e macarrão, no fogão lento. Cubra e cozinhe em fogo alto por 4 a 5 horas. Tempere a gosto com sal e pimenta. Sirva sobre o macarrão.

## *frango com alcachofras*

*Sirva arroz de pimenta vermelha para complementar este prato de frango de inspiração mediterrânea.*

para 4 pessoas

450 g / 1 libra de filés de peito de frango sem pele, em cubos (2,5 cm / 1 polegada)

400 g / 14 onças lata de tomate em cubos

200g / 7oz corações de alcachofra enlatados, escorridos, esquartejados

1 cebola picada

1 talo de aipo, cortado em fatias finas

1 colher de chá de orégano seco

75g / 3oz azeitonas pretas sem caroço, cortadas ao meio

sal e pimenta-do-reino moída na hora a gosto

Combine todos os ingredientes, exceto as azeitonas, sal e pimenta, no fogão lento. Tampe e cozinhe em fogo alto por 4-5 horas, acrescentando as azeitonas nos últimos 30 minutos. Tempere a gosto com sal e pimenta.

# Frango com Canela, Limão e Feta

*Canela, limão e queijo feta dão a esta caçarola à base de tomate os sabores característicos da Grécia.*

*para 4 pessoas*

*450 g / 1 libra de filés de peito de frango sem pele, em cubos (2 cm / ¾ pol.)*
*400g / 14 onças tomates enlatados*
*120ml caldo de galinha*
*3 corações de alcachofra em conserva, esquartejados*
*1 cebola finamente picada*
*1 colher de sopa de suco de limão*
*2 dentes de alho amassados*
*1 pau de canela*
*1 folha de louro*
*1-2 colheres de sopa de xerez seco (opcional)*
*sal e pimenta-do-reino moída na hora a gosto*
*8 onças / 225 g de macarrão de ovo, cozido, quente*
*1 oz / 25g de queijo feta, esfarelado*

Combine todos os ingredientes, exceto o xerez, sal, pimenta, macarrão e queijo, no fogão lento. Cubra e cozinhe em fogo alto por 4 a 5 horas. Descarte o pau de canela e a folha de louro. Tempere a gosto com xerez, sal e pimenta. Sirva sobre o macarrão. Polvilhe com queijo feta.

## *Arroz Espanhol De Frango*

*Açafrão e xerez dão sabor a este prato espanhol simples, chamado arroz con pollo.*

para 6

*450 g / 1 lb de filé de peito de frango sem pele, em cubos (4 cm / 1½ pol.)*
*750 ml / 1 ¼ litro de caldo de galinha*
*2 cebolas picadas*
*½ pimentão verde picado*
*½ pimentão vermelho picado*
*2 dentes de alho amassados*
*¼ colher de chá de fios de açafrão triturados (opcional)*
*8 onças / 225 g de arroz de grão longo fácil de cozinhar*
*1-2 colheres de sopa de xerez seco*
*100 g / 4 oz ervilhas congeladas, descongeladas*
*sal e pimenta caiena, a gosto*

Combine todos os ingredientes, exceto o arroz, xerez, ervilhas, sal e pimenta caiena, no fogão lento. Cubra e cozinhe por 5-6 horas, adicionando o arroz nas últimas 2 horas e o xerez e as ervilhas nos últimos 20 minutos. Tempere a gosto com sal e pimenta caiena.

# *Frango mediterrâneo com tomate*

*O vinagre balsâmico adiciona profundidade a esta caçarola de frango e azeitona. Engrosse a caçarola de molho com farinha de milho, se desejar. Sirva sobre cuscuz ou arroz.*

para 6

700 g / 1½ lb de filé de peito de frango sem pele, em cubos (2,5 cm / 1 polegada)
250 ml / 8 fl oz caldo de galinha
120ml de vinho branco seco ou caldo de galinha extra
50 ml / 2 fl oz vinagre balsâmico
8 oz / 225g de cogumelos baby, cortados ao meio
6 tomates ameixa picados
40 g / 1 ½ oz Kalamata ou azeitonas pretas, cortadas ao meio
3 dentes de alho, esmagados
1 colher de chá de alecrim seco
1 colher de chá de tomilho seco
sal e pimenta-do-reino moída na hora a gosto

Combine todos os ingredientes, exceto sal e pimenta, no fogão lento. Cubra e cozinhe em fogo alto por 4 a 5 horas. Tempere a gosto com sal e pimenta.

# *Frango mediterrâneo com alcachofras*

*Sirva este prato aromatizado com vinho e ervas sobre arroz com pimenta vermelha ou polenta.*

para 4 pessoas

450 g / 1 lb de filé de peito de frango sem pele, em cubos (4 cm / 1½ pol.)
120ml caldo de galinha
120 ml / 4 fl oz vinho branco seco
4 tomates, esquartejados
75g / 3 onças de cogumelos, fatiados
1 cebola picada
1 dente de alho amassado
1 colher de chá de tomilho seco
1 colher de chá de alecrim seco
1 colher de chá de estragão seco
3 corações de alcachofra enlatados, escorridos, esquartejados
1½ oz / 40g Kalamata ou azeitonas pretas, fatiadas
sal e pimenta-do-reino moída na hora a gosto
1 oz / 25g de queijo feta, esfarelado

Combine todos os ingredientes, exceto os corações de alcachofra, azeitonas, sal, pimenta e queijo feta, no fogão lento. Cubra e cozinhe em fogo alto por 4-5 horas, adicionando os corações de alcachofra e as azeitonas durante a última hora. Tempere a gosto com sal e pimenta. Polvilhe cada porção com o queijo feta.

## *calabresa de frango*

*Latas de tomate com ervas são úteis para pratos rápidos como esta caçarola toscana. Sirva sobre arroz ou sua massa preferida.*

para 4 pessoas

*450 g / 1 libra de filés de peito de frango sem pele, em cubos (2,5 cm / 1 polegada)*
*400g / 14oz lata de tomate em cubos com ervas*
*2 cebolas fatiadas*
*½ pimentão vermelho, fatiado*
*½ pimentão verde fatiado*
*1 dente de alho pequeno, esmagado*
*sal e pimenta-do-reino moída na hora a gosto*
*4 colheres de sopa de queijo parmesão fresco ralado*

Combine todos os ingredientes, exceto sal, pimenta e queijo, no fogão lento. Cubra e cozinhe em fogo alto por 4 a 5 horas. Tempere a gosto com sal e pimenta. Polvilhe cada porção com queijo parmesão.

# Frango e Ravióli

*Feijão é uma adição incomum ao frango e ravióli nesta caçarola de alho.*

para 4 pessoas

1 lb / 450 g de filés de peito de frango sem pele, cortados em quartos no sentido do comprimento
2 latas de 14 oz / 400 g de feijão, escorrido e enxaguado
400 g / 14 onças lata de tomate em cubos
120ml caldo de galinha
2 cebolas pequenas picadas
4 dentes de alho, esmagados
½ colher de chá de tomilho seco
5 onças / 150 g de ravióli de tomate seco fresco, cozido, quente
sal e pimenta-do-reino moída na hora a gosto

Combine todos os ingredientes, exceto o ravioli, sal e pimenta, no fogão lento. Cubra e cozinhe em fogo alto por 4-5 horas, adicionando o ravióli nos últimos 10 minutos. Tempere a gosto com sal e pimenta.

# *Frango com Legumes e Massa*

*Tomates secos e azeitonas pretas adicionam um toque de terra a esta mistura colorida.*

para 4 pessoas

450 g / 1 libra de filés de peito de frango sem pele, em cubos (2,5 cm / 1 polegada)

400g / 14oz lata de tomate em cubos com ervas

175 ml / 6 fl oz caldo de galinha

1 cenoura grande, fatiada

1 cebola picada

½ pimentão verde picado

2 dentes de alho amassados

2 folhas de louro

1 colher de chá de manjerona desidratada

3 colheres (sopa) de tomate seco em cubos (sem óleo)

1½ oz / 40g Kalamata ou azeitonas pretas, sem caroço e cortadas ao meio

2 abobrinhas ou abobrinhas amarelas, como um hambúrguer, em cubos

175 g / 6 onças pequenas florzinhas de brócolis

100g / 4oz rigatoni, cozido, quente

sal e pimenta-do-reino moída na hora a gosto

Combine todos os ingredientes, exceto as azeitonas, abobrinha ou abóbora, brócolis, rigatoni, sal e pimenta, no fogão lento. Cubra e cozinhe em fogo alto por 4-5 horas, adicionando a abobrinha ou abóbora, brócolis e rigatoni durante os últimos 20 minutos. Descarte as folhas de louro. Tempere a gosto com sal e pimenta.

## *marinara de frango*

*Combine este prato com uma salada crocante para uma refeição italiana fácil.*

para 4 pessoas

*450 g / 1 libra de filé de peito de frango sem pele, em cubos*
*400 g / 14 onças lata de tomate em cubos*
*120ml caldo de galinha*
*3 cebolas picadas*
*75g / 3 onças de cogumelos, esquartejados*
*1 talo de aipo finamente picado*
*1 cenoura bem picada*
*2 dentes de alho amassados*
*1 colher de chá de tempero de ervas italianas secas*
*1 abobrinha picada*
*sal e pimenta-do-reino moída na hora a gosto*
*225 g / 8 oz penne, cozido, quente*

Combine todos os ingredientes, exceto a abobrinha, sal, pimenta e macarrão, no fogão lento. Cubra e cozinhe em fogo alto por 4-5 horas, adicionando a abobrinha durante os últimos 20 minutos. Tempere a gosto com sal e pimenta. Sirva sobre o macarrão.

## *Frango, Cogumelos e Tomate com Polenta*

*Cozinhar polenta no micro-ondas é rápido e fácil, mas também pode ser feito na panela elétrica.*

para 4 pessoas

450 g / 1 libra de filés de peito de frango sem pele, em cubos (2,5 cm / 1 polegada)
2 latas de 400 g / 14 oz Tomate ameixa italiano, picado grosseiramente, com suco
8 onças / 225 g de molho de tomate preparado
2 colheres de sopa de extrato de tomate
225 g / 8 onças de cogumelos, fatiados
1 cenoura fatiada
1 cebola picada
2 dentes de alho amassados
1 colher de chá de açúcar
1 colher de chá de manjericão seco
1 colher de chá de tomilho seco
sal e pimenta-do-reino moída na hora a gosto
Polenta de microondas (veja abaixo)

Combine todos os ingredientes, exceto sal, pimenta e polenta para micro-ondas, no fogão lento. Cubra e cozinhe em fogo alto por 4 a 5 horas. Tempere a gosto com sal e pimenta. Sirva sobre a polenta de micro-ondas.

## *polenta de microondas*

*É muito fácil fazer polenta no microondas e muito útil se você já estiver usando o fogão lento.*

para 4 pessoas

150g / 5oz polenta
½ colher de chá de sal
750 ml / 1¼ litro de água
250 ml / 8 fl oz de leite semidesnatado
1 cebola picada

Combine todos os ingredientes em uma caçarola de vidro de 2,5 litros. Microondas, descoberto, em alta por 8 a 9 minutos, batendo na metade do tempo de cozimento. Bata até amaciar. Cubra e cozinhe em fogo alto por 6 a 7 minutos. Retire do micro-ondas, bata e deixe repousar, coberto, por 3 a 4 minutos.

# frango Cacciatore

*Com um rico sabor a alho e orégãos, este prato italiano era tradicionalmente confeccionado com animais de caça trazidos da caça.*

para 4 pessoas

225 g / 8 onças de filé de peito de frango sem pele, em cubos (2 cm / ¾ pol.)

8 onças / 225 g de coxas de frango desossadas, em cubos (2 cm / ¾ pol.)

2 latas de 14 oz / 400 g tomates em cubos

120 ml / 4 fl oz vinho tinto seco ou água

225 g / 8 onças de cogumelos, cortados em quartos

2 cebolas picadas

1 pimentão verde picado

6 dentes de alho, esmagados

2 colheres de chá de orégano seco

½ colher de chá de alho em pó

1 folha de louro

1-2 colheres de farinha de milho

2 a 4 colheres de sopa de água

sal e pimenta-do-reino moída na hora

8 onças / 225 g de macarrão, cozido, quente

Combine todos os ingredientes, exceto fubá, água, sal, pimenta e macarrão, no fogão lento. Cubra e cozinhe em fogo baixo por 6 a 8 horas. Vire o fogo para alto e cozinhe por 10 minutos. Adicione o fubá e a água combinados, mexendo por 2-3 minutos. Descarte a folha de louro. Tempere a gosto com sal e pimenta e sirva sobre o macarrão.

# Feijão Italiano e Legumes com Polenta

*Essa mistura de cores também pode ser servida sobre macarrão ou arroz. Salsichas de porco também funcionariam bem no lugar do peru.*

para 6

10 oz / 275 g de linguiça de peru, tripas removidas
óleo, para lubrificar
400 g / 14 onças lata de tomate em cubos
400g / 14oz lata de grão-de-bico, enxaguado e escorrido
400g / 14oz lata de feijão vermelho, lavado e escorrido
3 cebolas picadas
6 oz / 175g de cogumelos portabella picados
4 dentes de alho, esmagados
1 ½ colher de chá de tempero de ervas italianas secas
¼ colher de chá de flocos de malagueta picada
350g / 12 onças floretes e caules de brócolis fatiados
175g / 6oz abobrinha, de preferência amarela, ou abóbora fatiada
sal e pimenta-do-reino moída na hora
500g / 18oz pacote de polenta italiana preparada com ervas, ou
300g / 11oz polenta, cozida, quente

Frite a linguiça em frigideira média untada até dourar, desfiando com um garfo. Combine os ingredientes restantes, exceto brócolis, abobrinha ou abóbora, sal, pimenta e polenta, em uma panela elétrica de 5,5 litros. Tampe e cozinhe em fogo baixo por 6 a 8 horas, acrescentando o brócolis e a abobrinha nos últimos 30 minutos. Tempere a gosto com sal e pimenta. Sirva sobre a polenta.

## *frango Alfredo*

*Queijo parmesão derrete em petits pois e molho de aspargos para dar cremosidade ao frango.*

para 4 pessoas

450 g / 1 libra de filés de peito de frango sem pele, em cubos (2 cm / ¾ pol.)
450 ml / ¾ litro de caldo de galinha
2 cebolinhas, fatiadas
1 dente de alho amassado
1 colher de chá de manjericão seco
100g / 4oz aspargos, fatiados
1 ½ oz / 40 g de petits pois congelados, descongelados
2 colheres de fubá
120 ml / 4 fl oz de leite semidesnatado
1½ oz / 40g de queijo parmesão ralado na hora
sal e pimenta-do-reino moída na hora a gosto
8 onças / 225 g de fettuccine ou tagliatelle, cozido, quente

Combine frango, caldo, cebolinha, alho e manjericão no fogão lento. Cubra e cozinhe em fogo alto por 4-5 horas, adicionando os aspargos e as ervilhas durante os últimos 20 minutos. Adicione o fubá e o leite combinados, mexendo por 2-3 minutos. Adicione o queijo, mexendo até derreter. Tempere a gosto com sal e pimenta. Sirva sobre o fettuccine.

# *Poussins Vidrados De Damasco*

*Poussins, cozidos até ficarem macios e úmidos, são cobertos com uma cobertura de damasco com infusão de ervas.*

para 4 pessoas

2 poussins, cerca de 550g / 1 ¼ lb cada
pimentas
sal e pimenta-do-reino moída na hora
75 ml / 2 ½ onças fluidas de caldo de galinha
esmalte de damasco
2 colheres de fubá
50ml / 2 fl oz de água

Polvilhe os poussins com páprica, sal e pimenta. Coloque no fogão lento e adicione o caldo. Cubra e cozinhe em fogo baixo até que as pernas se movam livremente, 5½ a 6 horas, pincelando com Apricot Glaze duas a três vezes durante o cozimento. Retire os poussins para uma travessa e cubra frouxamente com papel alumínio. Mexa o esmalte de damasco restante no fogão lento. Cubra e cozinhe em fogo alto por 10 minutos. Adicione o fubá e a água combinados, mexendo por 2-3 minutos. Despeje o molho sobre os poussins.

## *frango toscano*

Cogumelos porcini secos são um ingrediente útil para guardar no armário para trazer uma dimensão extra de sabor à sua culinária italiana.

para 6

250 ml / 8 fl oz caldo de galinha fervente
1 oz / 25g de cogumelos porcini secos
700 g / 1½ lb de filé de peito de frango sem pele, em cubos (2,5 cm / 1 polegada)
400g / 14oz lata de tomate em cubos com ervas
400g / 14oz lata canelone, feijão verde ou vagem, escorrido e enxaguado
120 ml / 4 fl oz de vinho branco seco ou caldo de galinha
2 cebolas pequenas picadas
3 dentes de alho, esmagados
2 colheres de fubá
50ml / 2 fl oz de água
sal e pimenta-do-reino moída na hora a gosto

Despeje o caldo sobre os cogumelos em uma tigela pequena. Deixe repousar até os cogumelos amolecerem, cerca de 10 minutos. Escorra os cogumelos. Coe e reserve o caldo. Corte os cogumelos em fatias. Combine os cogumelos, o caldo reservado e os ingredientes restantes, exceto amido de milho, água, sal e pimenta, na panela elétrica. Cubra e cozinhe em fogo alto por 4 a 5 horas. Adicione o fubá e a água combinados, mexendo por 2-3 minutos. Tempere a gosto com sal e pimenta.

## esmalte de damasco

*Isso pode ser usado para cobertura de aves e sobremesas doces e também para umedecer o topo de um bolo de Natal antes de cobri-lo com maçapão.*

*para 4 pessoas*

*200 g / 7 onças de conserva de damasco*
*2 colheres de sopa de suco de laranja*
*raspa fina de ½ laranja*
*½ colher de chá de tomilho seco*
*½ colher de chá de alecrim seco*

Misture todos os ingredientes.

## *peru em casa*

*Peito de peru bem cozido com tubérculos, cogumelos e ervilhas é uma ótima refeição em família.*

para 4 pessoas

*12-450 g / 1 libra de peito de peru, em cubos (2 cm / ¾ pol.)*
*400 ml / 14 fl oz caldo de galinha*
*1 cenoura grande, fatiada*
*175 g / 6 onças de batatas, com casca e em cubos*
*2 cebolas picadas*
*100g / 4 onças de cogumelos, cortados ao meio*
*1 colher de chá de tomilho seco*
*1 colher de chá de sementes de aipo*
*100 g / 4 oz ervilhas congeladas, descongeladas*
*sal e pimenta-do-reino moída na hora a gosto*

Combine todos os ingredientes, exceto as ervilhas, sal e pimenta, no fogão lento. Tampe e cozinhe em fogo baixo por 6 a 8 horas, acrescentando as ervilhas nos últimos 20 minutos. Tempere a gosto com sal e pimenta.

# *Salsichas com Batatas e Pimentos*

*Pimentões de cores vibrantes dão a este prato uma aparência atraente e muito sabor. Se você não conseguir encontrar linguiça de peru defumada, carne de porco defumada também funcionará.*

para 4 pessoas

12 oz / 350g de linguiça de peru defumada, em fatias finas
175 ml / 6 fl oz caldo de galinha
700 g / 1 ½ lb de batatas cerosas, cortadas em fatias finas
1 pimentão vermelho, em fatias finas
1 pimentão verde, em fatias finas
1 pimentão amarelo, em fatias finas
2 cebolas, em fatias finas
1 oz / 25g de tomate seco ao sol (não em óleo), esquartejado
1 colher de chá de tomilho seco
1 colher de chá de manjerona desidratada
1-2 colheres de farinha de milho
50ml / 2 fl oz de água
sal e pimenta-do-reino moída na hora a gosto

Combine todos os ingredientes, exceto fubá, água, sal e pimenta, no fogão lento. Cubra e cozinhe em fogo alto por 4 a 5 horas. Adicione o fubá e a água combinados, mexendo por 2-3 minutos. Tempere a gosto com sal e pimenta.

# *Ragu de Peru em Vinho Branco*

*Alecrim, sálvia e alho são misturados com vinho branco e tomates para fazer um molho saboroso para o peito de peru. Delicioso com arroz ou polenta.*

*para 6*

*700 g / 1½ lb de peito de peru, em cubos (2,5 cm / 1 polegada)*
*400 g / 14 oz lata de tomate ameixa, picado, com suco*
*120 ml / 4 fl oz vinho branco seco*
*225 g / 8 onças de cogumelos, fatiados*
*2 cebolas picadas*
*1 cenoura fatiada*
*1 talo de aipo, fatiado*
*2 dentes de alho grandes, esmagados*
*½ colher de chá de alecrim seco*
*½ colher de chá de sálvia seca*
*1-2 colheres de farinha de milho*
*2 a 4 colheres de sopa de água fria*
*sal e pimenta-do-reino moída na hora a gosto*

Combine todos os ingredientes, exceto fubá, água, sal e pimenta, no fogão lento. Cubra e cozinhe em fogo baixo por 6 a 8 horas. Vire o fogo para alto e cozinhe por 10 minutos. Adicione o fubá e a água combinados, mexendo por 2-3 minutos. Tempere a gosto com sal e pimenta.

## *Peru e Arroz Selvagem*

*O arroz selvagem, que na verdade é uma grama, tem um sabor mais perceptível do que o arroz integral e dá textura e sabor a esta Caçarola de Peru e Legumes.*

para 4 pessoas

*450 g / 1 libra de peito de peru em cubos*
*450 ml / ¾ litro de caldo de galinha*
*1 cebola picada*
*1 colher de chá de sálvia seca*
*2 cenouras fatiadas*
*100g / 4 onças de arroz selvagem*
*250 g / 9 oz pequenas florzinhas de brócolis*
*sal e pimenta-do-reino moída na hora a gosto*

Combine peru, caldo, cebola, sálvia e cenoura no fogão lento. Cubra e cozinhe em fogo baixo por 6 a 8 horas, adicionando o arroz nas últimas 2 horas e o brócolis nos últimos 30 minutos. Tempere a gosto com sal e pimenta.

## *Peru com damascos*

*Cominho e coentro fresco acentuam o sabor dos damascos neste prato perfumado.*

para 4 pessoas

450 g / 1 libra de peito de peru, em cubos (2,5 cm / 1 polegada)
400 ml / 14 fl oz caldo de galinha
2 cebolas picadas
200g / 7oz tomates, picados
2 dentes de alho amassados
1 colher de chá de cominho moído
½ colher de chá de pimenta da Jamaica moída
10 damascos secos prontos para consumo, cortados em quartos
2 colheres de fubá
50ml / 2 fl oz de água
15g / ½ oz de coentro fresco, picado
sal e pimenta-do-reino moída na hora a gosto
25 g / 1 oz de arroz, cozido, quente

Combine todos os ingredientes, exceto fubá, água, coentro, sal, pimenta e arroz, no fogão lento. Cozinhe em fogo baixo por 5 a 6 horas. Vire o fogo para alto e cozinhe por 10 minutos. Adicione o fubá e a água combinados, mexendo por 2-3 minutos. Adicione o coentro. Tempere a gosto com sal e pimenta. Sirva sobre o arroz.

# Chile Sul-Americana Turquia

*Esta caçarola é muito picante! Para menos calor, omita a pimenta jalapeno.*

para 6

700 g / 1½ lb de peito de peru, em cubos (2,5 cm / 1 polegada)
400g / 14oz lata de feijão vermelho em molho de pimenta
400g / 14 onças tomates enlatados
120ml caldo de galinha
½ pimentão verde picado
½ pimentão vermelho picado
2 cebolas pequenas picadas
1 jalapeño pequeno ou outra pimenta malagueta bem picada
2 dentes de alho amassados
1 colher de sopa de pimenta em pó
1 colher de chá de cominho moído
sal e pimenta-do-reino moída na hora a gosto

Combine todos os ingredientes, exceto sal e pimenta, no fogão lento. Cubra e cozinhe em fogo alto por 3 a 4 horas. Tempere a gosto com sal e pimenta.

## *Rolo de carne de peru*

*Este bolo de carne também pode ser transformado em um pão no fogão lento. Consulte Bolo de carne simples na página 217 para obter instruções.*

serve 8

700 g / 1 ½ libras de peito de peru picado
1 cebola finamente picada
½ pimentão vermelho ou verde bem picado
1 ovo
120ml caldo de galinha
1¼ oz / 30g de farinha de rosca seca
3 colheres de sopa de molho de bife
1 colher de chá de tomilho seco
1 colher de chá de sal
½ colher de chá de pimenta
120 ml / 4 fl oz molho de pimenta

Misture todos os ingredientes, exceto o molho de pimenta em uma tigela. Arrume a mistura em uma forma de pão 23 x 13 cm untada e cubra com o molho de pimenta. Insira um termômetro de carne de modo que a ponta fique no centro do bolo de carne. Coloque a lata na grelha em uma panela de cozimento lento de 5,5 litros/9½ pints. Cubra e cozinhe em fogo baixo até que o termômetro registre 76ºC, 6 a 7 horas.

# Caçarola italiana de almôndegas

*Este bolo de carne tem um toque distintamente italiano e logo se tornará o favorito da família.*

para 6

almôndegas de peru italiano
250 ml / 8 fl oz caldo de carne
2 latas de 14 oz / 400 g tomates em cubos
3 cenouras, em fatias grossas
100g / 4 onças de cogumelos pequenos, cortados ao meio
1 colher de chá de tempero de ervas italianas secas
2 abobrinhas pequenas fatiadas
50 g / 2 onças de ervilhas congeladas, descongeladas
2 colheres de fubá
50ml / 2 fl oz de água
sal e pimenta-do-reino moída na hora a gosto
350 g / 12 onças de macarrão ou fettuccine, cozido, quente

Combine almôndegas italianas de peru, caldo, tomates, cenouras, cogumelos e ervas em uma panela de cozimento lento de 5,5 litros, certificando-se de que as almôndegas estejam submersas. Cubra e cozinhe em fogo baixo por 6 a 8 horas, adicionando a abobrinha e as ervilhas nos últimos 20 minutos. Vire o fogo para alto e cozinhe por 10 minutos. Adicione o fubá e a água combinados, mexendo por 2-3 minutos. Tempere a gosto com sal e pimenta. Sirva sobre o macarrão.

## Peru latino-americano e abóbora

*Aproveite esta mistura saudável de abóbora, batata-doce, batata e feijão preto com uma pitada de pimenta. Sirva sobre o arroz.*

para 4 pessoas

450 g / 1 libra de peito de peru, em cubos (2 cm / ¾ pol.)
400g / 14oz lata de feijão preto, escorrido e enxaguado
400 ml / 14 fl oz caldo de galinha
225g / 8 onças de purê de tomate
350g / 12 onças de abóbora, descascada e em cubos
175 g / 6 oz batata-doce, descascada e em cubos
175g / 6oz batata, descascada e em cubos
2 cebolas picadas
1 jalapeño ou outra pimenta malagueta média, picada finamente
1 colher de chá de sementes de cominho torradas
sal e pimenta-do-reino moída na hora a gosto
25g / 1 onça de castanha de caju picada grosseiramente

Combine todos os ingredientes, exceto sal, pimenta e castanha de caju, no fogão lento. Cubra e cozinhe em fogo baixo por 6 a 8 horas. Tempere a gosto com sal e pimenta. Polvilhe cada porção com castanha de caju.

## *peru cacciatore*

*Apenas alguns ingredientes podem transformar o peito de peru em uma refeição saborosa.*

para 4 pessoas

450 g / 1 libra de peito de peru, fatiado (5 cm / 2 polegadas)
400g / 14 onças tomates enlatados
75ml / 2½ fl oz de água
2½ oz / 65g de cogumelos, fatiados
¾ colher de chá de orégano seco
2 abobrinhas pequenas em cubos
sal e pimenta-do-reino moída na hora a gosto
225 g / 8 onças de macarrão, cozido, quente

Combine todos os ingredientes, exceto a abobrinha, sal, pimenta e macarrão, no fogão lento. Cubra e cozinhe em fogo alto por 4-5 horas, adicionando a abobrinha durante os últimos 30 minutos. Tempere a gosto com sal e pimenta. Sirva sobre o macarrão.

# *Salsicha com pimenta*

*Muito alho e pimenta torna esta uma maneira divertida de cozinhar linguiça e funciona tão bem com uma linguiça de porco defumada ou vegetariana, se você preferir.*

*para 4 pessoas*

*12-450 g / 1 libra de linguiça de peru defumada, fatiada (2,5 cm / 1 polegada)*
*400 g / 14 onças lata de tomate em cubos*
*250 ml / 8 fl oz caldo de galinha*
*2 cebolas pequenas, cortadas em rodelas finas*
*3 dentes de alho grandes, esmagados*
*½ – 1 jalapeno pequeno ou outro pimentão picante médio, em fatias finas*
*1 ½ colher de chá de tempero de ervas italianas secas*
*¼ colher de chá de flocos de malagueta picada*
*1 abobrinha, cortada ao meio no sentido do comprimento e em fatias grossas*
*100g / 4oz rigatoni, cozido*
*sal e pimenta-do-reino moída na hora a gosto*
*1 oz / 25g de queijo parmesão ralado na hora*

Combine todos os ingredientes, exceto a abobrinha, macarrão, sal, pimenta e queijo, no fogão lento. Cubra e cozinhe em fogo alto por 4-5 horas, adicionando a abobrinha e o macarrão nos últimos 20 minutos. Tempere a gosto com sal e pimenta. Polvilhe cada porção com queijo parmesão.

# *Linguiça de peru e ensopado de erva-doce*

*Use sua preferência de linguiça doce ou picante neste ensopado de colheita.*

*para 4 pessoas*

*10 oz / 275 g de linguiça de peru, fatiada*
*400 g / 14 onças lata de tomate em cubos*
*250 ml / 8 fl oz caldo de galinha*
*450g / 1 libra de abóbora, descascada e em cubos*
*8 couves de Bruxelas pequenas, cortadas ao meio*
*1 cebola, cortada em rodelas finas*
*2 pastinacas, fatiadas*
*1 bulbo pequeno de erva-doce, fatiado*
*uma pitada de flocos de malagueta esmagados*
*1 colher de chá de tempero de ervas italianas secas*
*1-2 colheres de farinha de milho*
*2 a 4 colheres de sopa de água*
*sal e pimenta-do-reino moída na hora a gosto*

Combine todos os ingredientes, exceto fubá, água, sal e pimenta, no fogão lento. Cubra e cozinhe em fogo baixo por 5-6 horas. Vire o fogo para alto e cozinhe por 10 minutos. Adicione o fubá e a água combinados, mexendo por 2-3 minutos. Tempere a gosto com sal e pimenta.

## *guisado de grão-de-bico fumado*

*A linguiça de peru defumada adiciona muito sabor a este ensopado.
Os feijões e vegetais o tornam mais nutritivo.*

para 6

*450 g / 1 lb linguiça de peru defumada, fatiada*
*2 latas de 14 oz / 400 g tomates em cubos*
*2 latas de 400 g / 14 onças de grão-de-bico, escorrido e enxaguado*
*2 cebolas picadas*
*1 pimenta verde*
*150g / 5oz feijão francês, cortado em pedaços curtos*
*2 dentes de alho amassados*
*2 colheres de chá de orégano seco*
*2 abobrinhas fatiadas*
*sal e pimenta-do-reino moída na hora a gosto*

Misture todos os ingredientes, exceto abobrinha, sal e pimenta, em uma panela de cozimento lento de 5,5 litros. Cubra e cozinhe em fogo alto por 4-5 horas, adicionando a abobrinha durante os últimos 30 minutos. Tempere a gosto com sal e pimenta.

# *Caçarola de Macarrão e Atum*

*Aqui está a comida caseira no seu melhor, com sopa enlatada para fazer uma base fácil e saborosa. Cuidado para não cozinhar demais o macarrão durante o preparo.*

para 6

11 oz / 300 g lata de Creme de Creme de Cogumelos

175 ml / 6 fl oz de leite semidesnatado

120ml de maionese

100g / 4 onças de queijo ralado

½ talo de aipo picado

½ pimentão verde pequeno picado

1 cebola pequena bem picada

sal e pimenta-do-reino moída na hora

6 oz / 175g de macarrão de ovo médio, cozido al dente

2 latas de 200 g / 7 onças de atum em água, escorrido

50 g / 2 onças de ervilhas congeladas, descongeladas

1-2 colheres de sopa de manteiga ou margarina

15 g / ½ oz de farinha de rosca fresca

1¼ oz / 30g de amêndoas em flocos

Misture a sopa, o leite, a maionese, o queijo, o aipo, o pimentão e a cebola na panela de cozimento lento. Tempere a gosto com sal e pimenta. Adicione o macarrão e o atum. Cubra e cozinhe em fogo baixo por 4-5 horas, adicionando as ervilhas durante os últimos 30 minutos.

Derreta a manteiga ou margarina em uma frigideira pequena em fogo médio. Misture a farinha de rosca e as amêndoas, cozinhe até dourar, cerca de 5 minutos. Polvilhe sobre a mistura de atum.

# Salmão escalfado com molho de limão e alcaparras

*O cozimento lento dá umidade extra ao salmão, mas na verdade é uma refeição muito rápida!*

para 4 pessoas

120ml / 4 fl oz de água
120 ml / 4 fl oz vinho branco seco
1 cebola amarela, em fatias finas
1 folha de louro
½ colher de chá de sal
4 filés de salmão, cerca de 100g / 4oz cada
Molho de limão e alcaparras (veja abaixo)

Combine todos os ingredientes, exceto o molho de alcaparras e salmão, no fogão lento. Tampe e cozinhe em fogo alto por 20 minutos. Adicione o salmão. Cubra e cozinhe em fogo alto até que o salmão esteja macio e lasque com um garfo, cerca de 20 minutos. Sirva com Molho de Limão e Alcaparras.

# *Molho de Limão e Alcaparras*

*Use caldo de legumes se quiser fazer uma versão vegetariana.*

para 4 pessoas

*2-3 colheres de sopa de manteiga ou margarina*
*3 colheres de farinha*
*400 ml / 14 fl oz caldo de galinha*
*2-3 colheres de chá de suco de limão*
*3 colheres de alcaparras*
*¼ colher de chá de sal*
*uma pitada de pimenta branca*

Derreta a manteiga ou margarina em uma panela pequena. Adicione a farinha e cozinhe em fogo médio por 1 minuto. Misture o caldo de galinha e o suco de limão. Aqueça até ferver, mexendo até engrossar, cerca de 1 minuto. Adicione as alcaparras, o sal e a pimenta.

# *Pão de Salmão com Molho de Pepino*

*Feito com salmão enlatado, este pão é sempre um favorito e faz um almoço ou jantar leve perfeito.*

para 4 pessoas

*200g / 7oz lata de salmão, escorrido*
*50g / 2 onças farinha de rosca integral fresca*
*2 cebolinhas picadas*
*50 ml / 2 fl oz de leite*
*1 ovo*
*2 colheres de sopa de suco de limão*
*2 colheres de sopa de alcaparras, lavadas e escorridas*
*1 colher de sopa de endro seco*
*½ colher de chá de sal*
*¼ colher de chá de pimenta*
*Molho de pepino (veja abaixo)*

Faça alças de alumínio e coloque-as na panela de cozimento lento. Combine todos os ingredientes, exceto o molho de pepino. Forme um pão no fogão lento. Cubra e cozinhe em fogo baixo por 4 a 5 horas. Retire o pão, usando as alças de papel alumínio. Corte e sirva com molho de pepino.

## molho de pepino

*Um molho fresco e refrescante.*

para 4 pessoas

*120 ml / 4 fl oz iogurte natural*
*50g / 2oz pepino, picado*
*½ colher de chá de endro*
*sal e pimenta branca a gosto*

Misture todos os ingredientes.

# *alabote em folhas de alface*

*Experimente esta atraente receita de alabote cozido em vinho branco. Também funcionaria bem com filetes de bacalhau ou pescada.*

para 4 pessoas

*250 ml / 8 fl oz de vinho branco seco*
*8-12 folhas grandes de alface*
*4 filés de alabote, cerca de 100g / 4oz cada*
*1 colher de chá de ervas misturadas ou estragão seco*
*sal e pimenta-do-reino moída na hora a gosto*
*1½ oz / 40g de espinafre, cortado em fatias finas*

Despeje o vinho no fogão lento. Tampe e cozinhe em fogo alto por 20 minutos. Corte a nervura central grande das folhas de alface, deixando as folhas intactas. Mergulhe em água fervente até as folhas murcharem, cerca de 30 segundos. Seque bem.

Polvilhe o peixe com as ervas, sal e pimenta e polvilhe os espinafres por cima. Enrole o peixe nas folhas de alface, usando 2 a 3 folhas para cada. Coloque, com os lados da costura para baixo, no fogão lento. Cubra e cozinhe em fogo alto até que o peixe esteja macio e lasque com um garfo, cerca de 1 hora.

# *Pargo vermelho com molho de alho caramelizado*

*O molho de alho é igualmente delicioso com salmão ou qualquer peixe branco de carne firme, como linguado, bacalhau ou arinca.*

para 4 pessoas

*1 filé de pargo vermelho, cerca de 550g / 1¼ lb*
*sal e pimenta-do-reino moída na hora a gosto*
*50–120 ml / 2–4 fl oz caldo de vegetais*
*Molho de alho caramelizado (veja abaixo)*

Cubra o fogão lento com papel alumínio ou faça alças com papel alumínio. Polvilhe levemente o peixe com sal e pimenta. Coloque no fogão lento. Adicione o caldo. Tampe e cozinhe em fogo alto até que o peixe esteja macio e lasque com um garfo, cerca de 30 minutos. Retire o peixe com as alças de papel alumínio. Sirva com molho de alho caramelizado.

# *molho de alho caramelizado*

*Use caldo de legumes para uma versão vegetariana.*

para 4 pessoas

*12 dentes de alho descascados*
*1-2 colheres de sopa de azeite*
*175 ml / 6 fl oz caldo de galinha*
*2 colheres de sopa de vinho branco seco (opcional)*
*1 colher de farinha*
*1 colher de sopa de salsa bem picada*
*sal e pimenta branca a gosto*

Cozinhe o alho no óleo em uma frigideira média, tampada, em fogo médio até ficar macio, cerca de 10 minutos. Cozinhe, descoberto, em fogo baixo até que os dentes de alho fiquem dourados, cerca de 10 minutos, depois amasse um pouco. Adicione o caldo combinado, vinho e farinha. Deixe ferver, mexendo até engrossar, cerca de 1 minuto. Adicione a salsa. Tempere a gosto com sal e pimenta.

# *Espaguete Recheado De Atum*

*Procure por abóbora espaguete em mercados étnicos ou de fornecedores orgânicos no outono. Aqui é cozinhado com recheio de atum e azeitonas, depois misturado com o recheio antes de servir. Você também pode cozinhá-lo sozinho, depois solte os fios com um garfo e misture com manteiga e ervas.*

para 4 pessoas

*400 g / 14 onças lata de tomate em cubos*
*75g / 3oz azeitonas pretas, fatiadas*
*2 latas de 200 g / 7 onças de atum em água, escorrido e lascado*
*1 colher de chá de orégano seco*
*sal e pimenta-do-reino moída na hora a gosto*
*1 abóbora espaguete pequena a média, cerca de 2½ lbs / 1,25 kg, cortada ao meio no sentido do comprimento e sem sementes*
*120ml / 4 fl oz de água*
*1 oz / 25g de queijo parmesão ralado na hora*

Combine tomates e líquidos, azeitonas, atum, orégano, sal e pimenta. Despeje a abóbora em metades e coloque no fogão lento. Adicione a água. Cubra e cozinhe até que a abóbora esteja macia, 3 a 4 horas no máximo ou 6 a 8 horas no mínimo. Solte os fios de abóbora com um garfo, combinando-os com a mistura de atum. Polvilhe com o queijo parmesão.

# Frutos do mar com ervas e vinho

*Vieiras, gambas e bacalhau fazem uma combinação tentadora. Sirva com quadrados generosos de pão de milho quente e torrado.*

serve 8

2 latas de tomate de 14 oz / 400 g

250 ml / 8 fl oz de água

120 ml / 4 fl oz vinho branco seco

2 cebolas finamente picadas

4 dentes de alho, esmagados

1 colher de chá de manjericão seco

1 colher de chá de orégano seco

½ colher de chá de açafrão moído

2 folhas de louro

450 g / 1 libra de bacalhau ou outros filés de peixe branco, como arinca ou badejo, fatiados (2,5 cm / 1 polegada)

225 g / 8 onças de camarões crus grandes, descascados e eviscerados, descongelados se congelados

8 onças / 225 g de vieiras, cortadas ao meio se forem grandes

sal e pimenta-do-reino moída na hora a gosto

Combine todos os ingredientes, exceto frutos do mar, sal e pimenta, no fogão lento. Cubra e cozinhe em fogo baixo por 6 a 7 horas. Aumente o fogo para Alto e adicione o marisco por mais 10 a 15 minutos. Descarte as folhas de louro. Tempere a gosto com sal e pimenta.

# *Caçarola de Tamboril aromatizada com funcho*

*As raspas de laranja e as sementes de funcho complementam lindamente o peixe branco.*

serve 8

1 litro / 1¾ litro de caldo de peixe
120 ml / 4 fl oz vinho branco seco
5 tomates, descascados e picados
1 cenoura grande, picada
2 cebolas picadas
3 dentes de alho, esmagados
1 colher de sopa de raspas finas de laranja
1 colher de chá de sementes de erva-doce, levemente esmagadas
2 lbs / 900 g de filés de peixe firmes, como tamboril, bacalhau, pargo ou salmão, cortados em pedaços (4 cm / 1½ pol.)
15g / ½ oz salsa fresca picada
sal e pimenta-do-reino moída na hora a gosto

Combine todos os ingredientes, exceto o peixe, salsa, sal e pimenta, no fogão lento. Tampe e cozinhe em fogo baixo por 6 a 8 horas, acrescentando o peixe nos últimos 15 minutos. Adicione a salsa. Tempere a gosto com sal e pimenta.

## *Peixe ao Molho Verde*

*Você pode usar outra variedade de malagueta média em vez da pimenta jalapeno.*

serve 8

*1 litro / 1¾ litro de caldo de peixe*
*120 ml / 4 fl oz vinho branco seco*
*5 tomates, descascados e picados*
*1 cenoura grande, picada*
*2 cebolas picadas*
*3 dentes de alho, esmagados*
*1 pimenta jalapeno pequena, bem picada*
*1 pimentão verde bem picado*
*½ colher de chá de sementes de cominho, esmagadas*
*½ colher de chá de orégano seco*
*2 lbs / 900 g de filés de peixe firmes, como tamboril, bacalhau, pargo ou salmão, cortados em pedaços (4 cm / 1½ pol.)*
*sal e pimenta-do-reino moída na hora a gosto*
*coentro fresco picado, para decorar*

Combine todos os ingredientes, exceto o peixe, sal e pimenta, no fogão lento. Tampe e cozinhe em fogo baixo por 6 a 8 horas, acrescentando o peixe nos últimos 15 minutos. Tempere a gosto com sal e pimenta. Polvilhe generosamente cada porção com coentro picado.

## *Haddock e tomate seco*

*Adicione 1 colher de sopa de alcaparras escorridas a esta rica caçarola à base de tomate, se desejar, e sirva sobre polenta, macarrão ou arroz.*

*para 4 pessoas*

*250 ml / 8 fl oz caldo de galinha*
*8 onças / 225 g de molho de tomate preparado*
*400g / 14oz tomates, picados*
*1 cebola grande picada*
*½ pimentão verde picado*
*1 cenoura picada*
*3 colheres (sopa) de tomate seco em cubos (sem óleo), em temperatura ambiente*
*1 dente de alho amassado*
*1 colher de chá de manjerona desidratada*
*½ colher de chá de orégano seco*
*1 libra / 450g de filé de arinca ou outro peixe branco de carne firme, fatiado (2,5 cm / 1 polegada)*
*sal e pimenta-do-reino moída na hora a gosto*

Combine todos os ingredientes, exceto o peixe, sal e pimenta, no fogão lento. Tampe e cozinhe em fogo baixo por 6 a 8 horas, acrescentando o peixe nos últimos 10 a 15 minutos. Tempere a gosto com sal e pimenta.

# *Cioppino com Macarrão*

*Substitua este favorito da Califórnia por outros tipos de peixe fresco, com base na disponibilidade e no preço.*

para 6

120 ml / 4 fl oz peixe ou caldo de galinha

120 ml / 4 fl oz vinho branco seco

600 g / 1 lb 6 oz tomates picados

1 pimentão verde picado

2 cebolas picadas

75g / 3 onças de cogumelos, fatiados

4 dentes de alho, esmagados

1 colher de sopa de extrato de tomate

2 colheres de chá de orégano seco

2 colheres de chá de manjericão seco

1 colher de chá de cúrcuma moída

8 onças / 225 g de vieiras, cortadas ao meio se forem grandes

8 oz / 225g de carne de caranguejo branca, em pedaços

100 g / 4 oz badejo ou filé de arinca, em cubos (2,5 cm / 1 polegada)

12 mexilhões, limpos e sem barba (descarte os que permanecerem abertos ao serem triturados)

sal e pimenta-do-reino moída na hora a gosto

350 g / 12 oz fettuccine, cozido, quente

Combine todos os ingredientes, exceto marisco, sal, pimenta e fettuccine, em uma panela elétrica de 5,5 litros. Tampe e cozinhe em fogo baixo por 6 a 8 horas, adicionando o marisco nos últimos 15 minutos. Descarte os mexilhões que não abriram. Tempere a gosto com sal e pimenta. Sirva sobre o fettuccine.

# *Kedgeree Haddock Defumado*

*O prato de arroz levemente temperado de Catherine Atkinson é um jantar ideal, pronto para comer em cerca de uma hora.*

*para 4 pessoas*

*um pouco de manteiga amolecida, para untar*
*8 fl oz / 250 ml de caldo de legumes quente (não fervente)*
*75g / 3oz arroz de grão longo fácil de cozinhar*
*1 colher de chá de caril em pó*
*sal e pimenta-do-reino moída na hora*
*100 g / 4 onças de filé de haddock defumado, pele removida*
*1 colher de chá de suco de limão*
*1 colher de sopa de cebolinha fresca ou congelada picada, coentro ou salsa*
*1 ovo cozido, esquartejado (opcional)*
*torradas com manteiga quentes, para servir*

Unte o fundo da panela de cerâmica com a manteiga e despeje o caldo. Adicione o arroz e o caril em pó, mexa bem e tempere com um pouco de sal e pimenta. Cubra com a tampa e vire o fogão lento para alto. Cozinhe por 45 minutos. Enquanto isso, corte o peixe em pedaços pequenos. Polvilhe o suco de limão e, em seguida, adicione o arroz. Cozinhe por mais 15 a 20 minutos ou até que o arroz e o peixe estejam cozidos e a maior parte do caldo tenha sido absorvida. Adicione a maior parte das ervas picadas e despeje em uma travessa quente. Polvilhe com as ervas restantes e cubra com os quartos de ovo, se estiver usando. Sirva com torradas quentes com manteiga.

# *Rarebit de caranguejo e camarão*

*Você poderia usar carne de caranguejo fresca, mas acho carne de caranguejo enlatada conveniente e muito boa.*

*para 6*

*225 g / 8 onças de queijo cheddar ralado*
*8 oz / 225 g de queijo macio, em temperatura ambiente*
*250 ml de cerveja*
*½ colher de chá de mostarda seca em pó*
*½ colher de chá de molho inglês ou de cogumelos*
*100 g / 4 onças de carne de caranguejo, picada grosseiramente*
*pimenta caiena, a gosto*
*6 fatias de pão multigrãos torrado*
*12 rodelas de tomate*
*18-24 aspargos cozidos*
*18 camarões grandes cozidos*
*salsa fresca picada, para decorar*

Combine queijos, cerveja, mostarda e molho Worcestershire no fogão lento. Tampe e cozinhe em fogo baixo até os queijos derreterem, cerca de 2 horas, mexendo duas vezes durante o cozimento. Adicione a carne de caranguejo e tempere a gosto com pimenta caiena. Disponha o pão torrado nos pratos de servir. Coloque 2 fatias de tomate e 3-4 aspargos em cada fatia e despeje a mistura de rarebit por cima. Cubra cada um com 3 camarões e polvilhe com salsa.

# *Frutos do mar com Batata e Brócolis*

*Haddock, camarão e vieiras combinam bem com batatas e brócolis em um molho bem temperado. Sirva com Arroz com Espinafres.*

*para 6*

*450 ml / ¾ litro de peixe ou caldo de galinha*
*500 g / 18 onças de batatas, descascadas e cortadas em cubos (2 cm / ¾ pol.)*
*4 cebolas picadas*
*1 dente de alho grande, esmagado*
*1-2 colheres de sopa de xerez seco (opcional)*
*1 folha de louro*
*½ – ¾ colher de chá de tomilho seco*
*½ – ¾ colher de chá de manjericão seco*
*¼ colher de chá de mostarda seca em pó*
*350g / 12oz brócolis, em pequenas florzinhas*
*175 ml / 6 fl oz de leite semidesnatado*
*1 colher de farinha de milho*
*225 g / 8 onças de arinca ou outro filé de peixe branco, em cubos (4 cm / 1½ pol.)*
*225g / 8oz camarões médios cozidos, descascados, descongelados se congelados*
*8 onças / 225 g de vieiras, cortadas ao meio se forem grandes*
*2-3 colheres de chá de suco de limão*
*sal e pimenta branca a gosto*

Combine todos os ingredientes, exceto brócolis, leite, farinha de milho, marisco, suco de limão, sal e pimenta, em uma panela elétrica de 5,5 litros. Cubra e cozinhe em fogo alto por 4-6 horas, adicionando o brócolis durante os últimos 20 minutos. Adicione o leite e o fubá combinados, mexendo por 2-3 minutos. Adicione a arinca, o camarão e as vieiras. Cubra e cozinhe por 5 a 10 minutos. Descarte a folha de louro. Tempere a gosto com suco de limão, sal e pimenta.

## *pargo bayou*

*Sirva este favorito ao estilo sulista com pão de milho torrado com pimenta. Qualquer filé de peixe branco pode ser substituído pelo pargo.*

para 4 pessoas

400g / 14 onças tomates enlatados
250 ml / 8 fl oz de água
1 cebola picada
½ pimentão verde picado
1 cenoura picada
2 dentes de alho amassados
2-3 colheres de chá de molho Worcestershire
100g / 4oz quiabo, aparado e cortado em pedaços
450 g / 1 libra de filés de pargo, cortados em pedaços (2,5 cm / 1 polegada)
sal e pimenta caiena, a gosto
75–175 g / 3–6 oz arroz cozido, quente
molho tabasco

Combine os tomates, a água, as verduras, o alho e o molho Worcestershire na panela de cozimento lento. Tampe e cozinhe em fogo alto por 4 a 6 horas, acrescentando o quiabo nos últimos 30 minutos e o peixe nos últimos 10 a 15 minutos. Tempere a gosto com sal e pimenta caiena. Sirva sobre arroz com molho Tabasco.

# *Caçarola De Pargo*

*Este favorito da Costa do Golfo dos EUA tem um molho robusto com apenas uma pitada de pimenta caiena. Arroz de pimenta vermelha é o acompanhamento perfeito.*

para 6

400 g / 14 onças lata de tomate em cubos
120 ml / 4 fl oz peixe ou caldo de galinha
2-3 colheres de sopa de purê de tomate
1 cebola picada
½ pimentão verde picado
4 cebolinhas, fatiadas
1 talo de aipo, cortado em fatias finas
4 dentes de alho, esmagados
¾ colher de chá de orégano seco
1 folha de louro
700 g / 1½ lb de filés de pargo, cortados em pedaços (5 cm / 2 pol.)
sal e molho tabasco a gosto
Arroz de pimenta vermelha (veja abaixo)

Combine todos os ingredientes, exceto peixe, sal, molho Tabasco e Red Pepper Rice, no fogão lento. Tampe e cozinhe em fogo alto por

4-5 horas, acrescentando o peixe nos últimos 15 minutos. Descarte a folha de louro. Tempere a gosto com sal e molho Tabasco. Sirva sobre arroz de pimenta vermelha.

## Arroz com pimenta vermelha

*Você pode substituir um pimentão vermelho fresco, fervido por alguns minutos até ficar macio, pelo pimentão de uma jarra.*

para 6

*350g / 12 onças de arroz de grão longo*
*¼ colher de chá de açafrão moído*
*½ colher de chá de páprica*
*1 pimentão vermelho assado de uma jarra, picado grosseiramente*

Cozinhe o arroz de acordo com as instruções da embalagem, mexendo a cúrcuma na água do cozimento. Adicione a páprica e a pimenta vermelha assada ao arroz cozido.

## peixe crioulo

*Sabores bons e fortes tornam este prato fácil de preparar ideal para uma refeição durante a semana. Você também pode usar peixes misturados em cubos para recheios de torta para fazer uma versão ainda mais rápida.*

para 4 pessoas

2 latas de 14 oz / 400 g tomates em cubos
50 ml / 2 fl oz de vinho branco seco ou água
4 cebolas picadas
1 pimentão verde picado
1 talo grande de aipo picado
½ colher de chá de tomilho seco
¼ colher de chá de flocos de malagueta picada
2 dentes de alho amassados
2 colheres de sopa de molho de soja
1 colher de sopa de páprica
2 folhas de louro
450 g / 1 libra de filé de bacalhau em cubos
sal e pimenta-do-reino moída na hora a gosto
75 g / 3 onças de arroz, cozido, quente

Combine todos os ingredientes, exceto bacalhau, sal, pimenta e arroz, no fogão lento. Tampe e cozinhe em fogo alto por 4-5 horas, acrescentando o bacalhau nos últimos 10-15 minutos. Descarte as folhas de louro. Tempere a gosto com sal e pimenta. Sirva sobre o arroz.

## *bacalhau crioulo*

*Experimente esta receita com qualquer outro peixe branco firme, se quiser variar.*

para 6

*400 g / 14 onças lata de tomate em cubos*
*120 ml / 4 fl oz peixe ou caldo de galinha*
*2-3 colheres de sopa de purê de tomate*
*1 cebola picada*
*½ pimentão verde picado*
*4 cebolinhas, fatiadas*
*1 talo de aipo, cortado em fatias finas*
*4 dentes de alho, esmagados*
*½ colher de chá de manjerona seca*
*½ colher de chá de tomilho*
*½ colher de chá de sementes de aipo*
*½ colher de chá de cominho moído*
*700 g / 1½ lb de filés de bacalhau, cortados em pedaços (5 cm / 2 pol.)*
*sal e molho tabasco a gosto*
*75–175 g / 3–6 oz arroz cozido, quente*

Combine todos os ingredientes, exceto o peixe, sal, molho Tabasco e arroz, no fogão lento. Tampe e cozinhe em fogo alto por 4-5 horas, acrescentando o peixe nos últimos 15 minutos. Tempere a gosto com sal e molho Tabasco e sirva sobre o arroz.

# salmão caribenho agridoce

*Sabores agridoces combinam particularmente bem com peixes oleosos como salmão, cozidos aqui com abacaxi e feijão e pimenta malagueta.*

para 4 pessoas

400g / 14oz lata de feijão preto, escorrido e enxaguado

8 onças / 225 g de lata de abacaxi em suco, não escorrido

2 cebolas, picadas grosseiramente

½ pimentão vermelho, fatiado

½ pimentão verde fatiado

4 dentes de alho, esmagados

2 cm / ¾ em pedaços de raiz de gengibre fresco, finamente ralado

1 jalapeño ou outra pimenta malagueta média, picada finamente

2-3 colheres de sopa de açúcar mascavo claro

2-3 colheres de sopa de vinagre de cidra

2-3 colheres de chá de caril em pó

50ml / 2 fl oz de água

1½ colher de farinha de milho

450 g / 1 lb de filé de salmão, em cubos (4 cm / 1 ½ pol.)

sal e pimenta-do-reino moída na hora a gosto

100 g / 4 onças de arroz, cozido, quente

Combine todos os ingredientes, exceto a água, amido de milho, salmão, sal, pimenta e arroz, no fogão lento. Cubra e cozinhe em fogo alto por 4 a 5 horas. Adicione a água e o fubá combinados, mexendo por 2-3 minutos. Adicione o salmão. Cozinhe por 10 a 15 minutos. Tempere a gosto com sal e pimenta. Sirva sobre o arroz.

www.ingramcontent.com/pod-product-compliance
Lightning Source LLC
Chambersburg PA
CBHW071435080526
44587CB00014B/1851